Anselm Grün
Ansgar Stüfe

Die kleine
Trostapotheke

Die Autoren

Anselm Grün, Dr. theol., geb. 1945, Mönch der Benediktinerabtei Münsterschwarzach, geistlicher Begleiter und Kursleiter in Meditation, Fasten, Kontemplation und tiefenpsychologischer Auslegung von Träumen. Seine Bücher zu Spiritualität und Lebenskunst sind weltweite Bestseller – in über 30 Sprachen.

Angar Stüfe, geboren 1952, leitete als Missionsarzt 16 Jahre lang das große Missionskrankenhaus der Abtei Peramiho in Tansania. Er ist Missionsprokurator der Kongregation von St. Ottilien und Verlagsleiter des Vier-Türme-Verlags.

Anselm Grün
Ansgar Stüfe

Die kleine Trostapotheke

FREIBURG · BASEL · WIEN

Originalausgabe
© Vier-Türme GmbH, Verlag, Münsterschwarzach 2020

© Verlag Herder GmbH, Freiburg im Breisgau 2023
Alle Rechte vorbehalten

Umschlaggestaltung: Gestaltungssaal, Rohrdorf
Umschlagmotiv und Vignetten im Innenteil:
© Katerina Arts / shutterstock,
© Shu_art / shutterstock

Satz: ZeroSoft SRL
Herstellung: GGP Media GmbH, Pößneck

Printed in Germany

ISBN 978-3-451-03338-4

Inhalt

Einleitung .7

Wenn ich mich einsam fühle 12

Wenn ich traurig bin 23

Wenn ich Angst habe 34

Wenn ich krank bin 46

Wenn ich verletzt und gekränkt werde 56

Wenn ich entwertet werde 68

Wenn ich mir selbst leidtue 79

Wenn alles schiefzulaufen scheint 87

Wenn ich mich über mich selbst ärgere 95

Wenn ich mir selbst nicht vergeben kann . . . 104

Wenn ich mich selbst verurteile 115

Wenn ich vom Grübeln nicht loskomme . . . 123

Wenn ich der Vergangenheit nachtrauere . . 132

Wenn ich mich übersehen fühle 141

Wenn ich empfindlich reagiere 150

Wenn alles grau in grau ist 158

Wenn schlechte Laune nicht vergeht 167

Wenn sich scheinbar jeder gegen mich verschworen hat 177

Schluss 185

Einleitung

Es gibt Situationen, in denen wir uns nach Trost sehnen. Aber wir reagieren empfindlich, wenn uns dann jemand nur vertrösten möchte. Manche frommen Worte und manche guten Ratschläge klingen oft nach Vertröstung. Das deutsche Wort »Trost« kommt von »Treue« und meint: feststehen. Wir werden für einen anderen zum Trost, wenn wir den Mut haben, bei ihm stehen zu bleiben, seine Verzweiflung, seine Wut, seine Traurigkeit, seine Tränen auszuhalten. Wir decken seine Trostlosigkeit nicht mit frommen oder schlauen Worten zu. Wir halten ihn und seine Not aus. Indem wir bei ihm stehen bleiben, bekommt er langsam auch Stehvermögen. Er bekommt wieder Boden unter den Füßen und kann zu sich stehen.

Das lateinische Wort für Trost ist *consolatio*. Es meint, dass ich mit, *con*, dem Einsamen, *solus*, bin, dass ich in seine Einsamkeit eintrete und bei ihm bleibe. Ich habe den Mut, seine Einsamkeit und seine Not zu teilen. Die geistliche Tradition nennt den Heiligen Geist den Tröster. In der Pfingstsequenz von Stephan Langton aus dem 12. Jahrhundert heißt es: »Höchster Tröster in der Zeit, Gast, der Herz und Sinn erfreut, köstlich Labsal in der Not.« Im Lateinischen steht da: »*dulcis hospes animae*«: Der Heilige Geist ist »süßer Gast in meiner Seele«, ein angenehmer Gast, den ich gerne in mein Herz einlasse. Der Heilige Geist als Tröster bietet mir »süße Erquickung« (*dulce refrigerium*). Er ist also etwas Erfrischendes, Fröhliches, Lebendigmachendes.

Der Jesuit Alfred Delp, der von der Gestapo ins Gefängnis geworfen und am 2. Februar 1945 hingerichtet wurde, hat diesen Vers im Gefängnis meditiert, um sich selbst Trost zu geben in einer aussichtslosen Situation. Er deutet *dulce refrigerium* so, »dass die geistige Stärkung, Erhebung und Beseligung, die mit dem *dulce* gemeint ist, sich wirklich wie Temperatur im Raum verbreitet und das Klima plötzlich voller Zuversicht und Menschenfreundlichkeit ist« (Alfred Delp, Gesammelte Schriften, Band 4, Frankfurt 1984, 271).

Wir haben das Buch gemeinsam geschrieben: Pater Anselm mit seinen Erfahrungen als Seelsorger und

Bruder Ansgar mit seinen Erfahrungen als Arzt, als Missionsprokurator und Verlagsleiter. Wir haben versucht, keine Vertröstungen zu geben. Vielmehr haben wir Erfahrungen beschrieben, die wir mit uns und mit anderen Menschen gemacht haben. Zudem haben wir uns gefragt, was uns selbst in trostbedürftigen Situationen hilft und was wir anderen Menschen sagen können. Dabei wollen wir keine Ratschläge geben. Ratschläge vermitteln immer das Gefühl: Da weiß es einer besser, der will mich belehren. Wir wollen mit unserem Buch niemanden belehren, sondern von unseren Erfahrungen erzählen. Wir berichten, was uns in solchen Situationen geholfen hat und hilft und wie wir auf Menschen reagieren, die uns von ihren Nöten erzählen. Eine Erzählung lässt den Leser immer frei. Sie drängt ihn nicht, etwas Bestimmtes einzusehen oder zu befolgen oder zu tun. Als Leser oder Leserin schaue ich einfach hin, was mir erzählt wird. Oft genug finde ich mich selbst darin wieder. Wenn etwas an mir vorbeigeht, dann ist es auch gut. Nicht alles muss mich berühren. Aber wenn ich mich immer wieder einmal berühren lasse von Worten oder von Geschichten, dann komme ich mit dem Potenzial meiner eigenen

Seele in Berührung. Jeder hat in sich das Potenzial, mit schwierigen Situationen umzugehen. Aber häufig vergessen wir unsere eigenen Möglichkeiten. Wir sind zu fixiert auf das, was uns bedrängt.

Manchmal helfen uns in bedrängenden Situationen nicht nur die Erfahrungen anderer Menschen, sondern auch die Worte der Bibel. Sie lösen nicht einfach unsere Probleme. Aber wenn wir sie in unsere innere oder äußere Not hineinsprechen, schauen wir gleichsam mit einer anderen Brille auf unsere Situation. Wir heben die Fixierung auf das auf, was uns niederdrückt, und heben unseren Blick, damit wir gleichsam von oben, von Gott her, auf unsere Situation schauen. Dann relativiert sich manche Not und wir kommen durch die Worte der Bibel in Berührung mit der Weisheit unserer eigenen Seele.

So wünschen wir der Leserin und dem Leser, dass unsere Erfahrungen und die Worte der Bibel, die uns oft geholfen haben, unser Leben in einem anderen Licht zu betrachten, auch ihnen zum Trost werden.

Der Buchtitel spricht von einer Trostapotheke. Das Wort »Apotheke« kommt aus dem Griechischen und bedeutet ursprünglich »Abstellraum« oder »Vorratskammer«. In den Klöstern wurde dieser Begriff gerne für den Vorratsraum verwendet, in dem die Heilkräuter aufbewahrt wurden. Der Apotheker ist ursprünglich der Lagerverwalter, der sich auskennt in dieser Kammer, der die richtigen Kräuter findet, wenn ein Kranker ärztliche Hilfe braucht.

In diesem Buch werden keine Heilkräuter aufbewahrt, sondern Erfahrungen der beiden Autoren und der geistlichen Tradition. Und eine Abteilung der Trostbibliothek bietet uns biblische Worte an, auf die wir zurückgreifen können, je nachdem, in welcher Not wir uns gerade befinden. So wünschen wir den Leserinnen und Lesern, dass jeder das in der Trostapotheke findet, was ihn tröstet und aufrichtet und was ihm hilft, mit sich und seinem Leben im Alltag gut zurechtzukommen.

P. Anselm Grün
Br. Ansgar Stüfe

Wenn ich mich einsam fühle

ANSELM GRÜN

In Gesprächen höre ich immer wieder die Klage: »Ich fühle mich so allein, so einsam. Keiner hat Zeit für mich. Vor allem abends, wenn ich allein in meiner Wohnung bin, habe ich das Gefühl, dass mir die Decke auf den Kopf fällt. Ich fühle mich verlassen von allen Freunden. Keiner ruft mich an. Keiner denkt an mich. Ich frage mich dann oft, welchen Sinn mein Leben hat. Mich vermisst ja doch kein Mensch.«

Die Bibel kennt solche Situationen der Einsamkeit. Im Alten Testament in den Klageliedern bedauert der Autor zunächst das Schicksal des Volkes Israel nach der Zerstörung des Tempels in Jerusalem: »Weh, wie einsam sitzt da die einst so volkreiche Stadt. Einer Witwe wurde gleich die Große unter den Völkern. Die Fürstin über die Länder ist zur Fron erniedrigt. Sie weint und weint des Nachts, Tränen auf ihren Wangen. Keinen hat sie als Tröster von all ihren Geliebten. Untreu sind all ihre Freunde, sie sind ihr zu Feinden geworden« (Klagelieder 1,1 f.).

Diese Worte kann ich auch auf mein persönliches Leiden an der Einsamkeit beziehen: »Früher stand ich einmal im Mittelpunkt vieler Menschen; in meinem Beruf war ich anerkannt. Jetzt sitze ich einsam da, und niemand denkt mehr an mich. Was ich geleistet habe, das ist für immer vergessen.«

Im dritten Kapitel der Klagelieder bedenkt ein einzelner Mensch seine Einsamkeit. Er nimmt sie an und spürt zugleich die Hoffnung, dass Gott sie wandelt: »Er sitze einsam und schweige, wenn der Herr es ihm auflegt. Er beuge in den Staub seinen Mund, vielleicht ist noch Hoffnung. Er biete die Wange dem, der ihn schlägt, und lasse sich sättigen mit Schmach. Denn nicht für immer verwirft der Herr. Hat er betrübt, erbarmt er sich auch wieder nach seiner großen Huld. Denn nicht freudigen Herzens plagt und betrübt er die Menschen« (Klagelieder 3,28–33).

Wenn ich diese beiden Texte lese, erlaube ich mir, über meine Einsamkeit zu klagen und mich selbst zu bedauern, dass ich mich so allein fühle. Aber zugleich spüre ich mitten in meiner Klage die Hoffnung, dass Gott meine Einsamkeit verwandelt. Wenn ich mich in meiner Einsamkeit an Gott wende, bin ich schon nicht mehr ganz allein. Ich kann mit Gott über mein Alleinsein sprechen.

Der Schweizer Psychoanalytiker Peter Schellenbaum meint, die Antwort auf den Schmerz über mein Alleinsein sei, mein Alleinsein in ein All-Eins-Sein zu verwandeln. Wenn ich mich in meinem Alleinsein eins fühle mit Gott und mit allen Menschen, dann fühle ich mich getragen. Ich fühle mich nicht mehr allein gelassen, vergessen, verachtet. Ich bin zugehörig zur großen Gemeinschaft der Menschen. Ich spüre im Einssein mit Gott und mit den Menschen zugleich ein Einssein mit mir selbst, ein Einverstandensein mit mir als dieser einmaligen Person, die sich jetzt allein fühlt, die aber in der Tiefe ihrer Seele eins ist mit allen Menschen auf der weiten Welt. Dann bin ich nicht mehr fixiert auf mich selbst, sondern spüre die Verbundenheit mit allen Menschen und mit der Schöpfung.

Ein Text, der uns in der Einsamkeit trösten kann, ist für mich Jesaja 54. Die ersten Sätze lauten: »Freu dich, du Unfruchtbare, die nie gebar, du, die nie in

Wehen lag, brich in Jubel aus und jauchze! Denn die Einsame hat jetzt viel mehr Söhne als die Vermählte, spricht der Herr. Mach den Raum deines Zeltes weit, spann deine Zelttücher aus, ohne zu sparen. Mach die Stricke lang und die Pflöcke fest!« (Jesaja 54,1 f.).

In diesem Text wird die Einsamkeit verbunden mit zwei anderen Nöten: der Erfahrung der Unfruchtbarkeit und des mangelnden Selbstvertrauens. Wer sich allein fühlt, hat den Eindruck, dass sein Leben keine Frucht bringt, dass niemand sich um ihn kümmert, dass man sein Leben lebt, ohne dass jemand anderer davon Kenntnis nimmt. Oft genug nagt das Gefühl des Alleinseins am Selbstvertrauen. Man macht sich Vorwürfe, warum man allein ist. Man ist offensichtlich nicht wichtig für die anderen. Man hat ja nichts anzubieten, fühlt sich langweilig. Im Gespräch kann man nichts zur Unterhaltung beitragen. So vergräbt man sich immer mehr in diese drei Gefühle: Ich bin einsam, ich bringe keine Frucht und ich habe kein Selbstvertrauen.

Wenn ich diesen Text in diese drei Haltungen hineinfallen lasse und für mich meditiere, dann kann er zum Trost werden, nicht zur Vertröstung. Ich kann erahnen und vielleicht auch glauben: Ja, ich bin einsam. Aber es gibt doch auch Freunde. Ich fühle mich mit vielen Menschen verbunden. Ich werde auch wahrgenommen und gesehen. Es liegt an mir, ob ich mich für die Menschen öffne und mich mit ihnen verbunden fühle. Ich werde spüren: Ja, gegenüber anderen kann ich nicht viel vorweisen. Aber mein Leben hat doch schon Frucht gebracht. Ich durfte anderen helfen, sie stützen. Ich war für andere schon ein Segen.

Für die ersten beiden Haltungen – Alleinsein und Fruchtlosigkeit – gelten die Worte der Verheißung. Es geht darum, diesen zu trauen. Für die dritte Haltung – das Selbstvertrauen – fordert uns der Text auf, selbst etwas zu tun. Wir sollen den Raum unseres »Zeltes« weit machen und die »Zelttücher ausspannen«. Ich darf nicht darauf warten, bis Gott mir von sich aus mehr Selbstvertrauen schenkt. Ich soll vielmehr seiner Verheißung vertrauen und selbst aktiv werden. Ich soll mich innerlich weiten.

Der Prophet spricht in Bildern: Ich soll den Raum meines Zeltes weit machen, damit viele Menschen darin Platz finden, damit ein Miteinander entstehen kann. Doch wie kann ich diese Bilder konkret umsetzen?

Für mich könnte da helfen: Ich setze mich hin und atme langsam ein und aus. Ich stelle mir vor, dass sich beim Einatmen mein Brustkorb weitet. Und mit dem Brustkorb weitet sich mein Herz. In der Weite des Herzens wird auch meine Fixierung auf mein mangelndes Selbstvertrauen aufgebrochen. Da ahne ich etwas von der eigenen Würde, vom eigenen Selbstwert. Mein Herz wird offen für die Menschen, die ich kenne. In diesem weiten Herzen finden viele Platz. Da bin ich nicht mehr allein. Wenn ich mein Herz weite, sind noch keine anderen Menschen da, die in mein Zelt eintreten. Aber ich bin offen für sie. In dieser Offenheit spüre ich schon eine Beziehung zu ihnen. Ich isoliere mich nicht mehr, sondern ich öffne mich, dass andere Menschen bei mir eintreten können.

ANSGAR STÜFE

Kürzlich saß ich mit mehreren Personen zusammen, die unterschiedlich alt waren. Der Älteste schilderte schließlich seine Empfindungen, die ihn plagten. Vor allem fühle er sich einsam, sagte er. Niemand besuche ihn, niemand frage nach seinen Gedanken, und überhaupt werde er nur noch als Auslaufmodell bezeichnet.

Diese Schilderung hat mich getroffen, weil die Vorwürfe auch mich trafen. Ich fragte ihn nie nach seinen Ansichten und war auch noch nie auf die Idee gekommen, ihn zu besuchen. Warum wohl? Viele seiner Ansichten gefielen mir nicht und es war auch schon immer schwierig, ihm zu widersprechen. Dann wurde er in der Regel heftig und hielt bestimmte früher vorgetragene Ansichten nach Jahren noch als Vorwurf bereit. Ein solches Verhalten lädt andere nicht zur Unterhaltung ein. Andererseits traut sich auch niemand zu, genau diese Ursachen darzulegen. Denn auch das würde wieder zu Angriffen führen.

Diese Art von Einsamkeit ist also letztlich selbst verursacht. Gerade im Alter tritt solches Verhalten vermehrt auf.

Was könnte ihm also helfen? Offene Erklärungen sind meistens vergeblich, weil sie abgewiesen werden. Es hilft nur, Fragen zu stellen. Solche Menschen sollten sich erst einmal fragen, wen sie eigentlich mögen. Wie beurteilen sie ihre Umgebung? Gibt es Menschen, mit denen sie gern Kontakt haben möchten? Wenn sie sich über jemanden geärgert haben, sollten sie einmal darüber nachdenken, ob nicht eine Verzeihung fällig wäre. Oft erwarten sie eine Entschuldigung. Ohne Entschuldigung wollen sie nicht verzeihen. Jesus hat uns ein anderes Beispiel gegeben: Er verzeiht, bevor jemand in Reue und Zerknirschung fällt. Durch diese Verzeihung ohne Vorbedingungen öffnen sich die Menschen und können seine Liebe wahrnehmen. Es würde so vielen Menschen guttun, wenn sie mehr verzeihen könnten und ihre Zuneigung zeigen würden.

Es ist erstaunlich, welche Bagatellen zu Beziehungsabbrüchen führen. In unseren Missionsklöstern lebten die Missionare in unterschiedlichen Lebensverhältnissen. Es gab das große zentrale Kloster und die vielen Pfarreien in der Umgebung. Einige Male im Jahr kamen alle im Kloster zusammen, wenn ein Fest gefeiert wurde oder wenn wichtige Beschlüsse zu fassen waren. In der Zwischenzeit waren die Missionare auf den Außenstationen oft alleingelassen. Einer von ihnen kam nur wenige Tage nach dem letzten Treffen wieder ins Kloster, weil er etwas vergessen hatte. Als der Abt ihn sah, sagte er: »Du bist aber oft hier!«

Wahrscheinlich hatte der Abt sich keine großen Gedanken zu dieser Bemerkung gemacht. Der Missionar war aber so getroffen und verärgert, dass er mehrere Jahre lang nicht mehr in die Abtei ging. Bis ins hohe Alter klagte er über diesen Vorfall. Die Einsamkeit war der Preis.

Warum fällt es vielen Menschen so schwer zu verzeihen, obwohl so Zusammenleben erst möglich wird? Die Verzeihung ist ein wirkliches Medikament in unserer Trostapotheke. Sie ist auch keine bittere Medizin, wie manche meinen. Sie muss nur auf Dauer eingenommen werden. Jesus sagt, dass wir sieben Mal sieben Mal verzeihen sollen – und das an jedem Tag. Es geht also um eine Grundhaltung.

Einsamkeit wird oft auch durch äußere Umstände ausgelöst. Jemand zieht in eine fremde Stadt, weil er einen neuen Arbeitsplatz bekommen hat. Das kann eine sehr schwierige Zeit werden. Zu allererst brauchen wir Geduld. Neue Bekanntschaften ergeben sich nicht in Sekunden. Trauen wir uns doch zu, Menschen kennenzulernen! Dazu gehört auch eine aktive Freizeitgestaltung. Jeder Mensch hat Vorlieben. Diese Lieben sollten wir pflegen, weil sie zu Kontakten mit anderen führen, die ähnliche Vorlieben haben. Dann kann Gedankenaustausch und gemeinsames Handeln die Einsamkeit beenden.

Bedrückender ist die Einsamkeit für ältere und hochbetagte Menschen, denen Bekannte und Verwandte wegsterben. Meine Großmutter wurde 90 Jahre alt. Ein paar Jahre zuvor erzählte sie mir, sie habe ausgerechnet, dass fünfzig ihrer Bekannten bereits gestorben waren. Sie war aber eine fromme Frau und ging täglich zum Gottesdienst. Das half ihr, diese Zeit zu bewältigen. Wer also alt wird, muss sich dieser Realität stellen, Menschen zu verlieren, weil sie eher sterben als man selbst.

In unserer Zeit erreichen sehr viele ein hohes Alter. Da wäre es wichtig, Kontakt zu Jüngeren zu haben, die man nicht so leicht überlebt. Menschen von heute haben oft niemanden, der ihnen zuhört. Das wäre die eigentliche Aufgabe vieler Älterer, sich als Hörer zur Verfügung zu stellen. Leider erzählen viele lieber über ihr eigenes Leben. Doch viele Menschen sind sich nicht bewusst, dass ihr Leben so verlaufen ist wie das vieler anderer auch. Es ginge also darum, eine Haltung des

Hörens zu entwickeln, die im Alter dann auch zur Verfügung steht.

Was wäre das für ein Segen für junge Menschen, wenn sie mit jemandem reden könnten, der keine negativen Kommentare abliefert. Ältere könnten aus ihrer Lebenserfahrung heraus Gelassenheit vermitteln und Mut machen. Ich selbst spreche äußerst gern mit jungen Menschen. Immer wieder bin ich erstaunt, wie sie auch heute über vieles nachdenken und ihr Leben in die Hand nehmen wollen. Für die Älteren wäre damit die Einsamkeit beendet. Zuhören ist das große Geheimnis der menschlichen Begegnung.

Wenn ich traurig bin

ANSELM GRÜN

Ich bin traurig, wenn mich ein Freund enttäuscht, wenn er sich nicht mehr meldet oder mein Vertrauen missbraucht hat. Ich bin traurig, wenn ich über mich selbst enttäuscht bin. Ich habe gedacht, dass ich an mir gearbeitet habe, ein reifer Mensch zu werden. Jetzt spüre ich kleinkariertes Denken, Feigheit und Konfliktscheue. Ich bin nicht so weit, wie ich kommen wollte. Das macht mich traurig. Ich bin traurig, wenn ich von der Krankheit eines lieben Freundes höre oder wenn ein lieber Mensch stirbt. Manchmal bin ich auch traurig und kann gar nicht erklären, warum. Ich spüre einfach Trauer in mir. Manche sagen dann, das Wetter mache traurig, vor allem im November, wenn es neblig und oft sehr dunkel ist.

Evagrius Ponticus hat die Traurigkeit bei den Mönchen analysiert. Er kommt zu dem Ergebnis, dass oft infantile Wünsche, die nicht in Erfüllung gehen, der Grund für ihre Traurigkeit sind. Er unterscheidet zudem Trauer (*penthos*) von Traurigkeit (*lype*). Trauern ist etwas Aktives. Ich betraure den Tod eines lieben Menschen, das Zerbrechen eines Lebenstraums oder das Verpassen einer Chance, die mir neue Türen geöffnet hätte. Betrauern heißt auch: Verabschieden des Vergangenen und Jasagen zu meinem jetzigen Zustand. Wenn ich meine eigene Durchschnittlichkeit betraure, heißt das: ich verabschiede mich von den Illusionen, die ich mir von mir gemacht habe. Traurigkeit verbindet Evagrius mit Selbstmitleid: Ich bedaure mich selbst, dass das Leben nicht so schön ist, dass die Hoffnungen, die ich für mich und mein Leben hatte, keine Wirklichkeit geworden sind. Ich jammere wie ein kleines Kind, dass Gott oder das Schicksal meine Wünsche nicht erfüllt hat. Ich sehe dann alles durch meine traurige Brille, alles kommt mir so trist vor. Ich kann diese traurige Stimmung ganz schlecht aushalten. Aber ich finde auch keinen Weg, mich von ihr zu lösen.

Jesus Sirach, der Weisheitslehrer des Alten Testaments, der jüdische mit griechischer Denkweise verbindet, weiß um die krankmachende Wirkung der Traurigkeit: »Aus Kummer entsteht Unheil; denn ein trauriges Herz bricht die Kraft« (Jesus Sirach 38,18). Traurigkeit tut nicht gut, es raubt uns alle Kraft. Evagrius meint, wir sollen betrauern, dass wir nicht so ideal sind, wie wir es gerne wären. Dann können wir Ja sagen zu uns, so, wie wir sind.

Viele reagieren jedoch nicht mit Betrauern, sondern sie trauern ihren Illusionen nach, und dieses Nachtrauern raubt ihnen alle Energie. Manche werden traurig, weil sie große Pläne haben, aber nicht die Kraft, sie in die Tat umzusetzen. So geht es dem reichen Jüngling im Neuen Testament, der voller Begeisterung Jesus nachfolgen möchte. Aber als dieser ihm zutraut, dass er in seine wahre Gestalt kommt, wenn er auf seinen Besitz verzichtet, da ging er »traurig weg, denn er hatte ein großes Vermögen« (Markus 10,22). Die Traurigkeit lähmt den jungen Mann, das zu tun, was sein Herz als seinen Weg in die Freiheit und Lebendigkeit erkannt hat.

Traurig werden Menschen, wenn sie Abschied nehmen müssen. Sie bleiben traurig zurück, wenn der andere eine längere Reise macht. Und noch trauriger sind sie, wenn jemand für immer Abschied nimmt. Viele können damit nicht umgehen. Sie verdrängen die Trauer und flüchten in die Arbeit. Jesus zeigt uns einen Weg, wie es gelingen kann. Er sagt zu seinen Jüngern, die traurig werden, weil er ihnen verkündet hat, dass er von ihnen gehen wird: »Noch kurze Zeit, dann seht ihr mich nicht mehr, und wieder eine kurze Zeit, dann werdet ihr mich sehen. Amen, amen, ich sage euch: Ihr werdet weinen und klagen, aber die Welt wird sich freuen; ihr werdet bekümmert sein, aber euer Kummer wird sich in Freude verwandeln. Wenn die Frau gebären soll, ist sie bekümmert, weil ihre Stunde da ist; aber wenn sie das Kind geboren hat, denkt sie nicht mehr an ihre Not über der Freude, dass ein Mensch zur Welt gekommen ist. So seid auch ihr jetzt bekümmert, aber ich werde euch wiedersehen; dann wird euer Herz sich freuen, und niemand nimmt euch eure Freude« (Johannes 16,19–22). Im Griechischen steht hier immer das Wort *lype*, ›Traurigkeit‹: Jesus wird den Jüngern ihre Traurigkeit nehmen, wenn er wiederkommt und sie die Gemeinschaft mit ihm erfahren. Die Wiederkunft Jesu bezieht sich nicht nur auf unseren Tod, in dem wir Jesus wiedersehen, und auch nicht nur auf die endgültige Wiederkunft Jesu am Ende der Welt. Vielmehr erleben wir die Verwandlung der Traurigkeit in Freude, wenn wir heute, hier und jetzt, die Nähe Jesu spüren. Seine Nähe wird in uns eine Freude hervorrufen, die uns niemand mehr nehmen kann.

Manche meinen: Das klingt schön. Aber wie soll ich das erfahren? Wie können mir diese Worte Jesu helfen, mit meiner Traurigkeit umzugehen? Für Jesus entspricht die Traurigkeit den Geburtswehen einer Frau. Das bedeutet: Immer, wenn wir traurig sind, will auch etwas Neues in uns geboren werden. Wir sollten also nicht fixiert sein auf die Traurigkeit, sondern sie nach der Geburt befragen, die in uns geschehen soll. Wir sollten uns also weder beschimpfen, wenn wir traurig sind, noch sollen wir in Traurigkeit versinken. Wir sollten sie vielmehr befragen, was sie uns sagen will, was da neu in uns wachsen möchte. Wenn wir dem trauen, was in uns wächst, dann wandelt sich die Traurigkeit in Freude.

Die Traurigkeit wird verwandelt, wenn das innere Kind in uns geboren wird, das göttliche Kind, das unserem wahren Wesen entspricht, in dem das einmalige Bild aufleuchtet, das Gott sich von jedem von uns gemacht hat.

Jesus sagt, dass unser Herz sich freuen wird, wenn er uns wiedersieht. Und diese Freude wird uns niemand mehr nehmen. Es ist also eine andere Freude als nur eine schöne Emotion. Die Freude, die uns Jesus schenkt, ist eine göttliche Wirklichkeit. Wenn wir Christus in uns spüren, dann spüren wir auch die Freude.

Manchmal machen wir eine spirituelle Erfahrung: Da geht uns auf einmal das Geheimnis unseres Lebens auf. Oder wir spüren eine innere Nähe zu Jesus. Es ist dann eine mystische Erfahrung, die man nicht herbeizaubern kann, die uns aber geschenkt wird. Wir können die Worte Jesu auch noch anders verstehen. Jesus erfahren heißt auch: mit seinem wahren Selbst in Berührung zu kommen. Wenn alle meine Forderungen, die ich an mich stelle, wegfallen, wenn ich einen tiefen inneren Frieden darüber spüre, dass ich einfach ich selbst bin, dass ich mich nicht beweisen muss, sondern einfach bin, dann spüre ich eine innere Freude. Ich muss dann die Freude nicht »machen«. Sie kommt über mich. Dann habe ich die Worte Jesu verstanden. Und ich spüre: Diese Freude ist unabhängig von äußeren Ereignissen, unabhängig von der Zustimmung oder Ablehnung anderer. Sie ist einfach in mir, in der Tiefe meiner Seele. Diese Freude kann mir niemand nehmen, kein Mensch und auch kein Schicksal.

ANSGAR STÜFE

Wir können nicht immer fröhlich sein. Schon von Kindheit an müssen wir lernen, auf etwas zu verzichten, das wir sehnsüchtig erwartet haben, und das macht uns traurig. Dazu eine persönliche Erinnerung:

Ich war vielleicht vier Jahre alt, als meine Mutter eine kurze Reise antreten wollte. Sie fragte mich, ob ich mit ihr fahren wolle. Gleichzeitig bot mir meine Tante einen Ausflug an, an dem ich auch unbedingt teilnehmen wollte. So stieg meine Mutter in den Zug, und ich blieb bei meiner Tante. Der Ausflug war mir wichtiger. Als der Zug sich in Bewegung setzte, wollte ich doch noch einsteigen. Es war jedoch schon zu spät. Ich weinte bitterlich und war sehr traurig. Diese Geschichte blieb mir in tiefer Erinnerung, weil ich damals lernte, dass ich allein die Ursache dafür war, dass ich traurig war. Andererseits hätte mich jede der beiden Entscheidungen traurig gemacht. So lernte ich, dass sogar Alltagsentscheidungen traurig machen können. Der Trost in solchen alltäglichen Situationen liegt in der kurzen Dauer. Die Zeit verdrängt die Traurigkeit, und andere Vorgänge verlangen Aufmerksamkeit.

Anders wirken anhaltende Situationen, in die ich über längere Zeit gestellt bin. Die Arbeit und der Arbeitsplatz sind bevorzugte Orte, die traurig stimmen. Das fängt schon an, wenn jemand einen neuen Arbeitslatz antritt: Die unbekannten Mitarbeiter, Arbeitsweisen und Methoden strömen auf ihn ein, er muss mit Menschen zurechtkommen, denen er sonst sicher aus dem Weg gehen würde. Oft tauchen auch Zweifel auf, ob man mit den Herausforderungen zurechtkommen kann. Nicht zuletzt übt die Chefin oder der Chef Druck auf die Seele aus.

Ich arbeitete einmal in einem Krankenhaus, in dem der Chefarzt der Chirurgie ein seltsamer Mensch war. Er liebte es, seine Mitarbeiter während der Operation bloßzustellen und mit Fragen Unwissen zu beweisen. Wir jungen Mitarbeiter waren zunächst hilflos und wurden traurig. Es kam mir sogar der Gedanke, dass ich im falschen Beruf gelandet sei. Eines Tages behauptete dieser Chirurg etwas, das nicht stimmte. Ich nahm allen Mut zusammen und widersprach ihm. Das imponierte ihm so, dass er mich als persönlichen Assistenten einsetzte. Zwar tat mir diese Änderung gut, aber meine innere Traurigkeit wurde nicht besser, weil die Gesamtsituation in der Abteilung immer noch dieselbe war.

Ich wechselte die Stelle und eine drückende Last schwand von mir. Traurigkeit kann also von äußeren Situationen abhängig sein. Der Trost kommt dann aus der eigenen Freiheit, die Situation zu verändern. Wer traurig gestimmt ist, sollte immer nach den eigenen Chancen Aussicht halten. Es kostet Kraft, diese Chance wahrzunehmen. Die Anstrengung lohnt sich aber, weil nach der Traurigkeit innere Kräfte frei werden. Traurig werden wir aber auch durch schlimme Verluste, die nicht mehr rückgängig gemacht werden können. Das ist der Fall, wenn jemand stirbt, der uns nahesteht, wenn ein Partner die Freundschaft oder Ehe aufgibt oder durch Krankheit Behinderungen auftreten, die nicht wieder ausheilen. Dann hilft die Zeit als Trost nicht mehr, weil der Verlust bleibt. Eine Änderung der Situation ist nicht mehr möglich. Manche stürzen sich in äußere Vergnügungen oder greifen zu Alkohol und Drogen. Das sind jedoch keine Lösungen, weil diese Maßnahmen eigene Probleme mit sich bringen. Was bleibt dann noch als Trost?

Fast jeder Mensch kennt Situationen oder Gelegenheiten, in denen er sich wohler fühlt als in anderen. Leider nimmt die Zahl der Menschen ab, die im Gebet Trost finden, obwohl es eine der bewährtesten Trostarten ist. Ich kenne eine Krankenschwester in unserem Krankenhaus in Afrika. Ihre beiden Kinder sind gestorben. Sie ist seitdem recht schwermütig geworden. Sie überlebt aber dadurch, dass sie täglich den Gottesdienst besucht und auch sonst oft betet. Es ist ja das große Versprechen Jesu, den Menschen beizustehen, die in Trauer sind. Viele haben heute keinen Zugang mehr zu religiösen Praktiken. Sie können sich jedoch auf die Suche machen, was ihnen guttut. Das kann eine Wanderung in der Natur sein oder auch die Arbeit im Garten. Die Frische der Natur und die neu entstehende Kraft dort kann positiv auf uns wirken. Auch Musik, Kunst und Schönheit in all ihren

Facetten kann Freude machen. Ganz besonders hilft, wenn jemand sich anderen widmen kann, denen es schlecht geht. Das gibt paradoxer Weise Kraft und macht Freude.

Es geht vielmehr darum, die noch vorhandenen positiven Kräfte zu mobilisieren. Das wirkt, um weiterleben zu können, auch wenn ein Teil der Seele traurig bleibt.

Nun gibt es aber auch Menschen, die so traurig sind, dass sie keine eigenen Kräfte mehr mobilisieren können. Sie sind auf Hilfe anderer angewiesen. Da ist es wichtig, vor sich selbst zuzugeben, dass solche Hilfe notwendig ist. Wenn jemand so gelähmt ist, dass er sich nicht einmal mehr selbst äußern kann, bedarf es anderer, die diese Situationen wahrnehmen und erkennen. Solche Menschen sind rar, aber ein wirklicher Trost und Hilfe für derart Bedürftige. Je nachdem, wie tief traurig jemand ist, kann Trost von innen oder eben auch von außen kommen.

Wenn ich Angst habe

ANSELM GRÜN

Angst kennt jeder. Sie gehört wesentlich zum Tier und zum Menschen. Im Tier erzeugt sie den Drang, entweder mit Kraft zu kämpfen oder möglichst schnell zu fliehen. Bei uns Menschen hat die Angst noch einen anderen Sinn. Sie will uns auf unser Maß aufmerksam machen und uns einladen, uns von falschen Erwartungen und Grundannahmen zu befreien, etwa von der, dass wir keinen Fehler machen dürfen, weil wir sonst abgelehnt werden. Aber oft tauchen Ängste in uns auf, die uns einfach nur lähmen. Wir geraten in Angst und können uns nicht dagegen wehren. Diese Art von Ängsten haben vielerlei Ursachen. Die Bibel erzählt uns von einigen, die über die Menschen kommen und sie bedrücken.

Im Alten Testament gibt es die Geschichte von Joseph, den seine Brüder in die Zisterne werfen, weil sie ihn loswerden, ihn töten möchten. Sie sehen, »wie er sich um sein Leben ängstigte« (Genesis 42,21). Wenn wir bedroht werden, haben wir Angst um unser Leben. Wir möchten gerne weiterleben. Das erfährt auch der Prophet Elija, als Isebel ihn verfolgt und ihn töten möchte. Die Angst treibt ihn an, vor ihr davonzulaufen (1 Könige 19,3). Auch König Saul kennt das Gefühl, als er sah, wie groß das feindliche Lager der Philister war. Er »bekam große Angst, und sein Herz begann zu zittern« (1 Samuel 28,5). Der Evangelist Lukas beschreibt uns die Angst von Eltern, die ihr Kind nicht finden können: Als Maria und Josef ihren zwölfjährigen Sohn nach drei Tagen im Tempel wiederfinden, sagt Maria zu Jesus: »Dein Vater und ich haben dich voll Angst gesucht« (Lukas 2,48).

Das Buch der Weisheit im Alten Testament beschreibt die Angst der Menschen in Worten, die man heute wohl ähnlich in psychologischen Büchern finden könnte. Es geht darum, dass Gott die Israeliten, als sie aus Ägypten auszogen, in einer Feuersäule begleitete. Das machte den Ägyptern Angst. Das Buch der Weisheit, in dem deutliche Anklänge an die stoische Philosophie und Psychologie zu finden sind, erzählt nun, wie selbst die Zauberkünstler, die sonst anderen Menschen ihre Angst nehmen wollten, in eine Angst gerieten, die sie völlig durcheinanderbrachte: »Jene, die immer versprachen, Furcht und Verwirrung von der kranken Seele zu bannen, krankten nun selbst an einer lächerlichen Angst. Auch wenn nichts Schreckliches sie ängstigte, wurden sie durch raschelndes Getier und zischelnde Schlangen aufgescheucht und vergingen vor Furcht. Nicht einmal in die Luft wollten sie blicken, der man doch nirgends entfliehen kann« (Weisheit 17,8 f.).

Wenn also die Angst von einem Menschen Besitz ergreift, dann ängstigt er sich vor allem. Jedes Knarzen des Holzbodens macht ihm Angst. Ja, er kann sogar nicht mehr in die Luft schauen. Überall fühlt er sich verfolgt. Alles macht ihm Angst. Der Autor sieht als Grund für diese Angst das schlechte Gewissen: »Unter dem Druck des Gewissens befürchtet sie immer das Schlimmste« (Weisheit 17,10).

Wer ein schlechtes Gewissen hat, hat Angst vor allem. Als Heilmittel gegen diese Angst empfiehlt der Autor die eigene Vernunft. Er sagt: »Furcht ist ja nichts anderes als der Verzicht auf die von der Vernunft angebotene Hilfe. Je weniger man solche Hilfe erwartet, umso schlimmer erscheint es, die Ursache der Qual nicht zu bekennen« (Weisheit 17,11 f.).

Das ist eine erstaunliche Einsicht. Heute würden wir von der Psychologie her sagen: Ich muss den Grund meiner Angst erkennen. Ich muss durchschauen, was mir Angst macht. Vielleicht sind es Schuldgefühle. Vielleicht sind es auch traumatische Erlebnisse in der Kindheit. Nur wenn ich den Grund meiner Angst erkenne, kann ich damit umgehen. Wenn ich meine Angst mit meiner Vernunft anschaue, komme ich dadurch in eine gesunde Distanz zu ihr. Wenn ich jedoch auf die Hilfe meiner Vernunft verzichte, gerate ich immer tiefer in sie hinein. Und ich kann sie mir nicht erklären. Sie hat mich einfach im Griff.

Für mich ist ein Trosttext, den ich immer wieder in meine Angst hineinhalten kann, die Rede Jesu an seine Jünger, die er zu den Menschen schickt, damit sie seine Botschaft weiter verkünden: »Fürchtet euch nicht vor ihnen! Denn nichts ist verhüllt, was nicht enthüllt wird, und nichts ist verborgen, was nicht bekannt wird. Was ich euch im Dunkeln sage, davon redet am hellen Tag, und was man euch ins Ohr flüstert, das verkündet von den Dächern. Fürchtet euch nicht vor denen, die den Leib töten, die Seele aber nicht töten können« (Matthäus 10,26–28).

Es sind hier zwei Ängste angesprochen, die durch die Worte Jesu aufgelöst oder verwandelt werden können. Das eine ist die Angst davor, dass die Menschen meine Schwächen oder meine Fehler oder meine Schattenseiten entdecken könnten. Wir wollen nach außen hin gerne eine fehlerfreie Fassade zeigen. Wir wollen unsere Schwächen hinter einem Schleier aus Perfektion und Coolness verstecken. So leben wir ständig in der Angst, die anderen könnten hinter die Fassade sehen und dort entdecken, wie kleinkariert und ängstlich, wie engstirnig und empfindlich wir sind.

Jesus sagt uns: Du brauchst keine Angst vor dem Chaos in deinem Inneren zu haben. Gott sieht alles. Und Gott nimmt dich an mit allem, was in dir ist. Vor ihm brauchst du nichts zu verbergen. Er kennt dich durch und durch und liebt dich so, wie du bist. Vertraue dieser Liebe Gottes, dann vergeht dir deine Angst. Du musst den anderen nicht deine Fehler und Schwächen sofort offenbaren. Aber du brauchst keine

Angst zu haben, wenn sie hinter deiner Fassade auch manche Schwächen entdecken. Du stehst dazu, Gott steht dazu. Dann können dich die Menschen nicht zu Fall bringen.

Die zweite Angst, die Jesus hier anspricht, ist die Angst vor denen, die den Leib töten könnten. Es ist die Angst, von anderen verletzt zu werden. Das bezieht sich nicht nur auf die körperlichen, sondern auch auf die seelischen Verletzungen. Wir haben Angst, dass andere uns in der Öffentlichkeit angreifen und uns kränken könnten. Dann versuchen wir uns zu schützen, indem wir eine Mauer um uns aufbauen. Doch diese Mauer schirmt uns nicht nur vor anderen ab. Sie schneidet uns auch von der Beziehung zu ihnen ab.

Jesus will uns sagen: Die Menschen können nur deinen Leib oder deine Psyche verletzen, aber nicht den innersten Raum der Stille in dir. In diesen können die verletzenden Worte nicht vordringen. Da bist du geschützt, da wohnt Gott in dir. Und wo Gott in dir wohnt und in dir herrscht, hat kein Mensch Macht über dich. Da bist du wirklich frei. In diesen Raum der Stille kann auch die Angst nicht eindringen. Hier bist du frei von jeder Angst.

ANSGAR STÜFE

Das Gefühl der Angst wird bei uns im Gehirn ausgelöst. Bestimmte Teile dessen sind darauf spezialisiert, uns das Gefühl von Bedrohung zu vermitteln. Diese Gehirnteile müssen aber durch bestimmte Reize aktiviert werden. Bei Tieren scheinen viele dieser Reize schon »programmiert« zu sein. Sie reagieren daher auf bestimmte Geräusche oder Gerüche mit Angst. In der afrikanischen Wildnis kann man das gut beobachten: Wittern Gazellen Löwen, rennen sie sofort weg. Einige Vögel fliegen beim Erspähen von Raubtieren auf und geben bestimmte Schreie von sich. Diese wiederum lösen Angst und Flucht bei dadurch bedrohten anderen Tieren aus. Angst ist also primär Lebensschutz.

Es ist immer noch umstritten, welche Angstauslöser beim Menschen angeboren sind. Die allermeisten entstehen jedoch durch Lebenserfahrung. Eine meiner Tanten war Schneiderin und hatte ein großes Atelier. Dort gab es Scheren und Bügeleisen, die eigentlich gefährlich für Kinder waren. Die vielen kleinen Nichten und Neffen, zu denen auch ich gehörte, hatten aber gar keine Angst vor Scheren oder Bügeleisen. Meine Tante sagte mir damals, es ist völlig nutzlos, Kinder vor der Gefahr zu warnen. Sie werden erst dann Angst haben, wenn sie sich am Bügeleisen verbrennen und mit der Schere schneiden. Das ist ein gutes Beispiel, wie Angst zu unserem eigenen Schutz entsteht.

Der Mensch hat aber nicht nur Angst vor wirklichen Gefahren. Viele leben in Angst vor dem Unbekannten oder anderen, völlig ungefährlichen Dingen. Mäuse sind sicher harmlose Tiere. Sobald aber eine Maus auftaucht, rennen manche Menschen davon und klettern aus Furcht vor ihnen auf Stühle. Hier geht es oft um Kindheitserfahrungen, die Angst ausgelöst haben. Wie kann man damit umgehen?

Es gibt die Theorie, dass jeder Mensch ein Kleintier oder Insekt hat, vor dem er sich ekelt oder fürchtet. Dann muss man solche Tiere meiden. Wenn diese Furcht vor dem Tier aber zu einem ständigen Angstzustand führt, sollte man aktiv dagegen angehen. Ein Beispiel ist Höhenangst. Recht viele Menschen können schon, wenn sie auf einer Treppe stehen, nicht nach unten schauen. Das behindert natürlich im Alltag sehr. Wie man damit umgehen kann, dafür gibt es ein Beispiel aus dem Leben Johann Wolfgang von Goethes.

Er beschreibt es in seinen Memoiren »Dichtung und Wahrheit«. Als junger Mensch hatte er nämlich auch große Höhenangst. Er studierte damals in Straßburg und versuchte, auf den Turm des Straßburger Münsters zu klettern. Er kam nicht weit, musste sich auf die Treppenstufe setzen und die Augen schließen. Das gefiel ihm aber gar nicht. Er wollte doch auf die Spitze des Turms steigen! Beim nächsten Mal stieg er mit geschlossenen Augen weiter nach oben, setzte sich dann wieder, sodass er nicht fallen konnte. Dann öffnete er die Augen und hielt eine Weile den Blick aus. Das wiederholte er mehrere Tage lang. Langsam konnte er den Anblick immer länger aushalten. Nach einigen Wochen gelang ihm der Aufstieg zur Spitze. Bei späteren Reisen stieg Goethe auf hohe Berge und hatte keine großen Probleme mehr.

Dieses Beispiel ist die erste Verhaltenstherapie, die in der Literatur dokumentiert ist. Viele unserer Ängste können wir durch bestimmte Übungen in den Griff bekommen, was die Lebensqualität erhöht. Das kann man oft nicht wie Goethe ganz allein machen. Manchmal benötigen wir sogar professionelle Hilfe. Aber in der Regel ist Hilfe möglich.

Es gibt aber Menschen, die von viel mehr Ängsten geplagt werden. Oft projizieren sie diese auf allgemeine Probleme und kommen dann überhaupt nicht mehr mit ihrem Leben zurecht. Dazu gehört die Angst vor allem Fremden. Diese Menschen erklären, dass sie Angst haben, mit Fremden in ihrem Land zu leben, und fühlen sich in ihrer Kultur bedroht. In katholischen Kreisen gibt es die Behauptung, dass der Stephansdom in Wien im Jahr 2050 eine muslimische Moschee sein wird. Das löst bei einer Reihe von Menschen Ängste aus, die beim Anblick jeder Frau mit Kopftuch getriggert wird. Solche Menschen reagieren dann wie Gazellen, die einen Löwen wittern.

Vernünftige Argumente helfen da oft nicht viel. In den meisten Fällen geht es um tieferliegende Auslöser. Diese Menschen können nur Hilfe finden, indem sie sich einem Gesprächspartner erklären. Sie müssen ihrer Angst mehr nachgehen und die Ursachen finden. Wer in seiner Kindheit wenig Geborgenheit gefunden und nie erlebt hat, wie Gefahr bewältigt wird, ist besonders gefährdet. Dann machen sich Tiefenängste bemerkbar. Es sind Ängste, die um die ganze Existenz kreisen. Gerade für diese Menschen ist die Botschaft Jesu in besonderer Weise hilfreich. Habt keine Angst!, ist eine ihrer Kernaussagen. Es ist geradezu tragisch, wenn tief fromme Christen in Angst vor Fremden verfallen. Da stimmt etwas mit dem ganzen Gottesbild nicht. Pater Anselm hat das genau geschildert.

Ich hatte als Kind ein prägendes Erlebnis: In unserer Pfarrei wurden alte Bilder ausgeräumt. Es handelte sich um Schaubilder für den Religionsunterricht, die nicht mehr dem Stand der Zeit entsprachen. Ich war sechs Jahre alt und lief neugierig umher. Da entdeckte ich ein Bild, das an der Wand lehnte und in etwa meiner damaligen Körpergröße entsprach. Es zeigt den Tod des reichen und des armen Mannes. Der arme Mann starb im Kreis seiner Familie, die alle im Gebet versunken waren. Von oben öffnete sich der Himmel und Engel stiegen herab, um die Seele des Sterbenden in Empfang zu nehmen. Weit in der Ecke sah man einen kleinen Teufel, der keine Chance hatte, die Seele zu erobern. Ganz anders der Tod des reichen Mannes. Er lag einsam in seinem Bett. Im Zimmer waren Säcke mit Geld. An seinem Bettende brannte schon ein Feuer, das die Hölle zeigte. Aus diesem Feuer entstieg ein Teufel, der ihn bei den Haaren packte, um ihn in die

Hölle zu ziehen. Kleinen Engeln in der Ecke blieb nur die Flucht. Sie hatten ähnlich wie der kleine Teufel der anderen Seite keine Chance auf die Seele.

Mich packte die Darstellung der Hölle viel mehr als die des Himmels. In der Nacht wachte ich mit großer Angst auf. Ich war davon überzeugt, dass der Teufel auf meiner Bettdecke sitzt und mich packen wird. Plötzlich stand mein Vater neben dem Bett. Ich hatte wohl geschrien. Ich erzählte ihm von meinen Ängsten. Da hat er recht weise keine großen Erklärungen gegeben, sondern mir gesagt: »Jetzt betest du ein Vaterunser und ein Ave Maria, dann kann der Teufel dir nichts antun.« Ich tat, wie geraten, und hatte nie wieder in meinem Leben große Angst vor imaginären Dingen. Dieses Beispiel zeigt, dass wir nicht mit großen Erklärungen anrücken dürfen, sondern dass wir Mittel zur Angstbekämpfung brauchen.

Wenn ich krank bin

ANSELM GRÜN

Manche sind schon schlecht gelaunt, wenn sie Schnupfen haben. Oder sie versinken in Selbstmitleid, wenn sie eine Grippe zwingt, im Bett zu bleiben. Ich selbst spüre, dass ich nicht gerne krank bin. Ich ärgere mich, wenn ich erkältet bin und meine Nase läuft. Das ist unangenehm. Auch wenn ich weiß, dass das vorübergeht, schwimme ich doch im Selbstmitleid oder bin eben ärgerlich. Da würde etwas Humor helfen, meine Erkältung nicht zu ernst zu nehmen. Ich kann sie ja auch als Einladung nehmen, mir etwas Zeit zu gönnen, bewusst einmal länger zu schlafen und mir zu erlauben, dass ich jetzt schlapp bin und keine Lust zum Arbeiten habe.

Es gibt natürlich auch andere Krankheiten, die uns niederdrücken. Wir haben den Eindruck, dass die Krankheit den ganzen Leib beherrscht, dass wir keine

Energie mehr haben für etwas anderes. Wir fühlen uns antriebslos. Im schlimmsten Fall werden unsere Vorstellungen vom Leben durch die Krankheit durchkreuzt. Wir wissen nicht, wie es weitergehen soll. Wir fragen uns, ob wir wohl wieder gesund werden oder ob die Krankheit uns für immer bestimmt. Wir sind ganz und gar auf uns geworfen, beschäftigen uns nur mit unserer Krankheit, mit den Schmerzen und mit dem, was der Arzt uns darüber und über unsere Heilungsaussichten sagt. Dann zweifeln wir daran, ob der Arzt uns die Wahrheit sagt oder ob unsere Krankheit schlimmer ist, als er zugeben will. Wir fühlen uns schlapp, haben zu nichts mehr Lust. Auch das Essen schmeckt uns nicht. Wir liegen einfach nur im Bett und sind enttäuscht, dass die Krankheit uns getroffen hat. Wir hatten gedacht, gesund zu leben und auch psychisch und spirituell auf dem richtigen Weg zu sein. Doch jetzt hat die Krankheit uns im Griff. Wir wissen nicht, warum. Daher suchen wir nach irgendwelchen Erklärungen. Aber damit bewirken wir in uns nur ein schlechtes Gewissen, das uns noch mehr schwächt. Wir machen uns unbewusst Vorwürfe, dass wir selbst an unserer Krankheit schuld seien.

Wo finden wir in einer solchen Situation Trost? Für mich ist die Geschichte von der Heilung des Gelähmten im Johannesevangelium ein Trostwort. Da ist ein Mann, der offensichtlich gelähmt und schon seit 38 Jahren krank ist. Die Zahl 38 weist auf eine andere Geschichte im Alten Testament, nämlich auf den Auszug der Israeliten aus Ägypten. Sie sind vierzig Jahre durch die Wüste gezogen, um ins Gelobte Land zu gelangen, in das Land, in dem sie frei waren, in dem sie sich entfalten konnten. Eigentlich waren sie schon nach zwei Jahren am Ziel. Aber weil sie gegen Gott rebellierten, mussten sie noch 38 Jahre durch die Wüste ziehen, bis alle waffenfähigen Männer gestorben waren (vgl. Deuteronomium 2,14). Der kranke Mann hier im Johannesevangelium hat also sozusagen keine Waffen mehr. Er kann sich nicht wehren gegenüber Verletzungen, bezieht alle kritischen Worte oder Blicke auf sich. Er kann sich nicht abgrenzen. Das ist ein Teil seiner Krankheit. Jesus heilt nun diesen Mann in vier Schritten:

Der erste Schritt: Er sieht ihn an und schenkt ihm dadurch Ansehen. Der zweite Schritt: Er erkennt den Grund seiner Krankheit. Er versteht ihn. Im dritten

Schritt fragt er ihn: »Willst du gesund werden?« (Johannes 5,6). Wir denken, dass jeder doch gesund werden will. Aber manchmal wollen wir auch lieber krank bleiben. Denn wenn wir gesund sind, müssen wir uns dem Leben stellen und Verantwortung übernehmen. Der Kranke antwortet jedenfalls auf die Frage Jesu sehr ausweichend. Er sagt nicht, dass er wirklich gesund werden will. Er jammert nur, dass er niemanden hat, der sich um ihn kümmert. Keiner hat Zeit für ihn. Keiner will mit ihm sprechen. Die anderen haben es alle besser. Auf dieses Jammern antwortet Jesus nun nicht mit großem Mitleid, sondern mit einer Konfrontation: »Steh auf, nimm dein Bett und geh!« (Johannes 5,8). Das ist für mich ein Trostwort in meiner Krankheit. Ich soll das Bett, meine Krankheit, die mich ans Bett fesselt, »unter den Arm nehmen« und trotzdem meinen Weg gehen. Die Krankheit soll mich nicht am Leben hindern. Man kann das Bild des Betts auch noch anders verstehen. Das Bett sind meine Zweifel und Ängste, meine Unsicherheiten und Blockaden, meine neurotischen Lebensmuster, die mich am Leben hindern. Wir möchten all das am liebsten los werden, so wie unsere Krankheit. Wir wollen nichts mehr mit ihr zu tun haben. Doch die Heilung besteht darin, das »Bett« unter den Arm zu nehmen und weiterzugehen. Das heißt: Wir sollen uns jetzt von der Krankheit und von unseren neurotischen Lebensmustern nicht lähmen lassen, nicht ans Bett fesseln lassen. Vielmehr sollen wir all das unter den Arm nehmen und unseren Weg gehen, den Weg mit Gott, den Weg des Vertrauens und der Hoffnung.

Wir würden das Bett am liebsten wegwerfen. Doch Jesus fordert uns auf, es unter den Arm zu nehmen, unsere Krankheit also anzunehmen, aber uns von ihr nicht bestimmen zu lassen. Vielmehr sollen wir mit unserer Krankheit aufstehen und unser Leben leben. Wir können auch mit dem Bett unter dem Arm unseren Weg gehen. Wir können auch mit der Krankheit leben, ohne dass sie uns innerlich völlig bestimmt. Wenn wir die Krankheit annehmen, dann verliert sie an Kraft, dann hindert sie uns nicht mehr an unserem Weg. Wir sind dann nicht fixiert auf eine Heilung, die uns von allen Symptomen der Krankheit befreit. Wir können auch mit den Symptomen leben, ohne uns von ihnen beeinträchtigen zu lassen in unserer Lebendigkeit, Liebe und Hoffnung.

ANSGAR STÜFE

Die Corona-Virus-Epidemie brach ohne Vorwarnung über uns herein. Die gesamte Menschheit wurde erfasst. Ein neuer unbekannter Virus war aufgetreten und brachte ein völlig neues Krankheitsbild mit sich. Der bestehende Medizinbetrieb wurde heftig getroffen und kam in vielen Ländern überhaupt nicht mit den vielen Fällen zurecht. Diese Epidemie machte auf einmal sichtbar, dass wir ein falsches Bild von Krankheit und Tod haben. Wir dachten immer: So etwas kann heute nicht mehr passieren. Und wenn doch, dann werde es sowieso bald ein Medikament dagegen geben. All das stimmt nicht. Es können immer wieder Krankheiten auftreten, denen wir hilflos ausgeliefert sind. Darauf sollten wir uns einstellen und innerlich vorbereiten. Schon kurz dauernde und relativ harmlose Erkrankungen können eine kleine Schule sein, mit Krankheiten umgehen zu lernen.

Kinder bekommen bis zu acht Mal pro Jahr eine Erkältung, Erwachsene im Durchschnitt zwei Mal. Wie lästig ist das vielen! Sie können plötzlich nicht mehr sprechen, weil die Stimmbänder entzündet sind. Geht man mit Husten in ein Konzert oder in die Oper, kann man geradezu feindselige Reaktionen erleben. Manche Mitbesucher fordern einen auf, den Saal zu verlassen. Solche eher kleinen, nicht gefährlichen Krankheiten haben oft erhebliche soziale Konsequenzen. Das liegt an der Einstellung unserer Gesellschaft, dass es eigentlich nur gesunde Menschen geben darf. Kranke Menschen müssen schnell wieder geheilt werden und sollten nicht lange zu Haus bleiben, bis sie gesund sind. Ein bisschen Willenskraft würde doch genügen, Husten und Nießen zu unterdrücken. Die Statistiken für durch Krankheit bedingte Arbeitsausfälle werden mit entsprechenden Kommentaren versehen.

Dabei wären diese häufig auftretenden eher harmlosen Krankheiten eine gute Übung für schlimmere Krankheiten. Wir sollten uns alle bewusste sein, das zu jeder Zeit ein Virus in unseren Körper eindringen kann. Auch gesunde Lebensführung, Sport und beste Ernährung, können solche Infektionen nicht verhindern. Wenn wir gesund sind, denken wir natürlich überhaupt nicht an Krankheiten. Wir sitzen in Gremien und füllen unseren Terminkalender. Dabei darf nichts dazwischenkommen.

So ging es mir auch: Ich hatte einen Temin geplant, der an einem fernen Ort stattfand. Ich musste mit dem Zug dorthin fahren. Um Geld zu sparen, habe ich eine Supersparpreis gebucht. Was habe ich mich geärgert, als ich wegen einer Grippe den Termin absagen musste und die Fahrkarte nicht ersetzt bekam, weil das die Bedingung für den niedrigen Preis war! Dieses Beispiel zeigt, dass auch die Rahmenbedingungen unseres Lebens keine Krankheit zulassen.

Wir sollten uns aber darauf einstellen, dass immer wieder Krankheiten unser Leben beeinflussen und vielleicht auch durcheinanderbringen. Bei solchen regelmäßigen, eher lästigen Krankheiten sollten wir diese Einstellung üben und uns nicht auch noch ärgern, wie ich es getan habe. Krankheit ist nun einmal Teil des Lebens. Diese Tatsache müssen wir nicht nur im Kopf wiederholen, sondern wir sollten sie im Herzen ansiedeln, sie eben beherzigen.

Nun erkranken Menschen nicht nur an Erkältungen. Krankheiten können Dauerbegleiter unseres Lebens werden, vor allem wenn sie chronisch werden. In den letzten Jahren konnten viele Medikamente und andere Behandlungsmethoden entwickelt werden.

Niemand muss mehr Schmerzen aushalten wir früher. Oft aber bleibt die Krankheit und schränkt die Lebensfunktionen ein. Chronisches Rheuma kann zu einer Behinderung führen, die bleibt. Ich habe tiefen Respekt vor Menschen, die damit leben. Viele entwickeln eine große innere Kraft, mit chronischer Krankheit umzugehen. Besonders gestärkt werden Menschen durch den Kontakt mit religiöser Kraft. Es geht bei solchen Krankheiten nicht darum, um Heilung zu bitten. Es geht vielmehr um das Bewusstsein, dass unser Gott besonders auf der Seite der Leidenden steht. Ja, Jesus droht sogar den Gesunden, wenn er sagt: »Wehe denen, die jetzt lachen.« Er ermahnt so die Gesunden, die Kranken ernst zu nehmen und ihnen beizustehen.

Während meiner Tätigkeit in Afrika haben mich Menschen mit einer Behinderung oft zum Staunen gebracht. Es gibt dort viele, die seit ihrer Kindheit gelähmt sind. Sie krabbeln auf dem Boden, wenn sie Glück haben, haben sie eine Rollstuhl. Fast alle strengen sich aber an, ihren Lebensunterhalt zu verdienen. Sie sind oft lebenstüchtiger und manchmal sogar wohlhabender als ihre gesunden Landsleute. Das hat mich immer beschämt, wenn ich über eigene kleinere Beschwerden jammerte.

Wir müssen im Krankheitsfall also nicht immer gleich den Tod fürchten. Wir sollten aber alle regelmäßig auftretenden Störungen unseres Körpers nutzen, um unsere Gebrechlichkeit zu erkennen. Krankheiten können uns dann dankbar machen, wenn wir wieder gesund sind. Gesundheit ist eben nicht die Hauptsache im Leben, sondern ein unverdientes Geschenk. Denken wir in gesunden Tagen immer an solche, die es nie wieder werden, gesund und munter nämlich. Nehmen wir die Krankheit also als Lebenslektion.

Wenn ich verletzt und gekränkt werde

ANSELM GRÜN

Wir machen immer wieder die Erfahrung, dass andere Menschen uns durch Worte verletzen. Sie wissen genau um unsere empfindlichen Stellen und reißen die Narben, die darunter verborgen war, wieder neu auf, bringen sie wieder zum Vorschein. Aber nicht nur Worte können uns kränken. Manchmal fühlen wir uns verletzt, wenn jemand uns übersieht oder uns vermittelt, dass wir nicht wichtig sind, oder wenn in einer Gruppe unsere Meinung einfach überhört wird und die anderen so tun, als ob wir nichts gesagt hätten. Manche haben deshalb Angst, in eine Gruppe zu gehen. Sie befürchten, dass sie gekränkt oder einfach durch Blicke verletzt werden.

Von kränkenden und verletzenden Worten weiß auch die Bibel. Da ist Hanna, die Frau des Elkana. Weil sie unfruchtbar war und keine Kinder bekam, nahm Elkana sich noch eine andere Frau: Peninna. Sie hatte Kinder und »kränkte und demütigte sie (Hanna) sehr, weil der Herr ihren Schoß verschlossen hatte« (1 Samuel 1,6). Hanna litt an ihrer Kinderlosigkeit. Wenn nun die Rivalin, die Kinder hatte, sie verspottete, tat das besonders weh. Es reißt die Wunde der Kinderlosigkeit in ihr neu auf. Und so wendet sich Hanna voller Schmerz an Gott. Gott erhört ihr Gebet und schenkt ihr einen Sohn: Samuel, der dann zum großen Propheten wird.

Das Buch der Sprichwörter weiß von der verletzenden Wirkung mancher Worte: »Mancher Leute Gerede verletzt wie Schwertstiche« (Sprichwörter 12,18). Schlimm sind die Wunden, die ein verleumderischer Mensch uns zufügt. So warnt der Weisheitslehrer Jesus Sirach: »Bring nicht jeden Menschen ins Haus, denn viele Wunden schlägt der Verleumder« (Jesus Sirach 11,29). Schmerzlich ist die Verletzung, die uns jemand zufügt, wenn wir ihm etwas anvertrauen und er es dann anderen weitererzählt. Jesus Sirach meint sogar, eine solche Wunde könne kaum geheilt werden: »Eine Wunde lässt sich verbinden, ein Streit beilegen, doch wer ein Geheimnis verrät, hat keine Hoffnung« (Jesus Sirach 27,21).

Eine Frau erzählte mir, dass sie in einem Seelsorgegespräch einem Priester etwas anvertraut hatte. Kurze Zeit später sprach sie mit einem Mitbruder dieses Priesters. Und der sprach sie auf etwas an, was er nur von dem anderen Priester erfahren haben konnte. Die Frau war tief verletzt. Es tut weh, wenn ich einem, dem ich vertraue, etwas von mir preisgebe und er es nicht für sich behält. Wem kann ich dann noch vertrauen? Ähnlich schmerzlich ist, wenn ein Freund einen enttäuscht und verletzt. Der Psalmist hat diese Erfahrung gemacht, wenn er zu Gott betet: »Nicht mein Feind beschimpft mich, das würde ich ertragen; nicht ein Mann, der mich hasst, tritt frech gegen mich auf, vor ihm könnte ich mich verbergen. Nein, du bist es, ein Mensch aus meiner Umgebung, mein Freund, mein Vertrauter, mit dem ich, in Freundschaft verbunden, zum Haus Gottes gepilgert bin inmitten der Menge« (Psalm 55,13–15). Wenn ein Freund sich plötzlich gegen mich wendet, dann kann ich mich kaum dagegen wehren, dann ist es eine tiefe Wunde, die nicht so schnell heilt.

In solche Wunden kann ich Worte der Verheißung hineinsprechen und mit den Worten Gottes Liebe in meine Wunden einströmen lassen. Die Wunde wird dann immer noch wehtun. Aber vielleicht wandelt sie sich mit der Zeit. Wenn ich ein Wort aus der Bibel in die Wunde hineinhalte, dann vergrößere ich damit nicht den Schmerz, weil ich davon spreche, sondern ich habe etwas, was ich dagegensetzen kann. Das könnte die Wunde langsam verwandeln und heilen.

Vielleicht kann dieser Satz ein solcher Tröster sein: »Ich lasse dich genesen und heile dich von deinen Wunden – Spruch des Herrn –, weil man dich die Verstoßene genannt hat, nach der niemand fragt« (Jeremia 30,17). Wenn ich diese Worte meditiere – nicht rein rational, sondern emotional –, dann können sie in meine Wunde eindringen. Ich spüre sie immer noch, aber nicht mehr so sehr den Schmerz. Vielmehr kann ich dann in meiner Wunde etwas von der Liebe erahnen, die in diesen Worten der Bibel in mich einströmt. Tröstende Worte können auch die des Propheten Jeremia sein, die er an die Heimkehrer aus der Gefangenschaft richtet: »Mit ewiger Liebe habe ich dich geliebt, darum habe ich dir so lange die Treue bewahrt. Ich baue dich wieder auf, du sollst neu gebaut werden, Jungfrau Israel. Du sollst dich wieder schmücken mit deinen Pauken, sollst ausziehen im Reigen der Fröhlichen« (Jeremia 31,3 f.).

Ich kann diese Worte auf dem Hintergrund meiner Verletzungen und Kränkungen meditieren und mich fragen: Wenn das stimmt, wenn diese Worte wirklich Worte von Gott sind und die eigentliche Wahrheit, wie geht es mir dann? Wie fühle ich mich? Wie erlebe ich mich? Ich vertreibe meinen Schmerz nicht mit diesen Trostworten. Ich lasse sie vielmehr in meine Wunden eindringen und beobachte mich, was sie mit mir machen. Es ist jedoch wichtig, dass ich sie nicht nur als äußere Worte verstehe, sondern als Worte, die Gott jetzt in diesem Augenblick zu mir persönlich, in meiner momentanen Situation spricht. Ich vertraue meiner Sehnsucht, dass diese Worte stimmen, dass sie die eigentliche Wahrheit sind, wahrer als die Bilder, die ich von mir selbst habe, wahrer als die schmerzhaften Gefühle, die ich mit den kränkenden Worten anderer Menschen verbinde.

ANSGAR STÜFE

Kränkungen sind leider Teil unseres Alltags. Am Arbeitsplatz müssen Menschen mit unterschiedlichen Fähigkeiten und Neigungen zusammenarbeiten und gemeinsam Probleme lösen. Dazu gehen aber die Meinungen oft auseinander. Theoretisch könnte man sich auf die Sachlagen konzentrieren und sich nüchtern darüber austauschen, was der beste Weg ist. Aber schon beim Auftauchen von Problemen treten Konflikte auf, weil sich ein Teil der Mitarbeiter angegriffen fühlt, wenn auf diese hingewiesen wird. Das kann man an kleinen Beispielen deutlich machen.

In einem Büro funktionierte eine Geldüberweisung nicht. Alle Angaben waren richtig, aber der Computer weigerte sich, den Befehl durchzuführen. Die Mitarbeiterin machte den Buchhalter darauf aufmerksam. Dieser dachte aber nicht über das Problem nach, sondern fühlte sich angegriffen, dass er Systeme verwendet, die nicht funktionieren. Er regte sich dann so darüber auf, dass er eine Entschuldigung verlangte, weil ihm dieses Problem vorgetragen wurde. Nach viel Diskussion ergab sich, dass auch der Buchhalter die Überweisung nicht durchführen konnte. Jetzt erst wurde nachgeforscht, was denn die Ursache sein könnte. Nach einiger Zeit kam heraus, dass das Überweisungsprogramm seit zwei Jahren kein Update erhalten hatte. Die Mitarbeiterin hatte aber mehrmals danach gefragt. Ihr wurde gesagt, dass dies nicht notwendig sei. Jetzt fühlte sie sich verletzt und gekränkt. Sie hatte ein Problem, doch der Verantwortliche machte sie erst einmal zur Schnecke und verlangte sogar eine Entschuldigung. Als die Ursache des Problems erkannt war, entschuldigte er sich aber nicht bei ihr.

Solche Vorkommnisse können das Miteinander vergiften und langfristig eine Zusammenarbeit unmöglich machen. Wichtig ist, über das Problem zu sprechen. Es muss geklärt werden, warum der Buchhalter so heftig reagiert hat. Es könnte aber auch sein, dass er sein Verhalten als völlig adäquat empfand und die Mitarbeiterin als überempfindlich beschrieben wird. Die Lösung besteht darin, alle darum zu bitten, die Gefühlsebene nicht zu früh einzusetzen. Sachprobleme müssen auf Sachebene bleiben. Wenn ich jemanden als unfähig bezeichne, ohne einen sachlichen Grund dafür zu haben, ist ein Konflikt vorprogrammiert. Wenn es aber primär um Sachprobleme geht, sollten wir unsere Emotionen in die Leidenschaft zur Problemlösung stecken und nicht in Streit und Angriff.

Der Heilige Benedikt fordert seine Mönche auf, im Mitbruder Jesus zu erkennen. Das ist ein hoher Anspruch. Diese Grundhaltung an sich schafft auch noch keine Konfliktlösung. Deswegen schreibt Benedikt auch viele Sätze über Lösungen in Streitfällen. In besonders schwierigen Lagen empfiehlt er das Aussenden erfahrener Brüder, die am Konflikt nicht beteiligt sind. Das sind sozusagen Streitmoderatoren. Bei sehr tiefgehenden Verletzungen sollte man Hilfe von Menschen beanspruchen, die nicht am Streit beteiligt waren. Es geht dann auch darum, dem »Verletzter« klarzumachen, dass es nicht um seine Empfindungen geht, sondern um die der Verletzten. Das muss er akzeptieren, auch wenn er es nicht versteht. Solche Alltagsverletzungen klingen zunächst banal. Wenn sie sich aber häufen und die Atmosphäre beherrschen, müssen sie unbedingt angegangen werden.

Manche solcher Streitfälle führen jedoch auch zu lang anhaltenden, tiefen Verletzungen. Ich selbst hatte sehr lange an einem Erlebnis zu kauen, das mir in den Oberklassen des Gymnasiums widerfuhr. Es wurde eine Klassenarbeit zurückgegeben. Der Lehrer griff meine heraus, ohne meinen Namen zu nennen. Ich hatte einen Satz falsch übersetzt. Er sollte heißen: »Die Menschen bewarfen Statuen mit Auswurf.« Ich verstand die Bedeutung nicht, obwohl ich die Worte richtig erkannte. Ich übersetzte also: »Sie warfen ihnen die Gesichter aus.« Ich wusste, dass es diese Sitte in der Antike gab: Steinbilder von verhassten Menschen wurden oft die Gesichter ausgeschlagen, um die Verachtung deutlich zu machen. In diesem Fall aber sollte es heißen: Sie bespuckten die Gesichter. Mir war der Ausdruck »Auswurf« im Deutschen damals nicht bekannt. Ironischerweise wurde ich später Arzt und musste mich mit der Diagnostik des Auswurfs für Lungenkrankheiten beschäftigen. Eigentlich hätte dieser Übersetzungsfehler nur erklärt werden müssen. Mein Lehrer stellte ihn jedoch als ungeheuerlich dar. Jemand, der so etwas schreibe, habe nicht nur Intelligenzmangel, sondern so gestörte Gedankengänge, dass er wohl bald in eine Psychiatrie aufgenommen werden müsse. Wörtlich sagte er: »So einer gehört doch in eine Nervenheilanstalt.«

Da mein Name nicht genannt wurde und ich mich unendlich schämte, habe ich mich auch nicht verteidigt. So blieb die Verletzung ganz allein bei mir hängen. Diese Kränkung war so nachhaltig, dass ich mir lange nichts mehr zutraute. Letztlich war ich sogar überrascht, dass ich ein gutes Abitur machte, das mir gleich einen Studienplatz für Medizin verschaffte. Selbst während des Studiums brachten erst beständige Erfolge mein Selbstvertrauen zurück.

Nun hatte die Geschichte noch einen unerwarteten Nachtrag: Ich war schon fertiger Arzt und hatte Nachtdienst in der Inneren Abteilung eines Krankenhauses. Die Leitstelle des Roten Kreuzes rief mich an, dass sie einen Notfall brächten, einen Mann, der unter Herzrhythmusstörungen litt. Tatsächlich war es mein ehemaliger Lehrer. Das vergangene Erlebnis kam sofort in meine Erinnerung. Als ich mich vorstellte, meinte er, wie dankbar er sei, dass ich ihn behandele. Nun ja, er erinnerte sich nicht mehr an den Vorfall. Als ich meinen Lehrer so hilflos vor mir liegen sah, löste sich mein alter Groll endlich auf. Heute ist es nur noch eine wichtige Geschichte für mich, die letztlich Teil meiner Reifung war. Leider haben nicht alle Menschen, die solche Verletzungen in sich tragen, das Glück, ein erfolgreiches Leben zum Ausgleich geschenkt zu bekommen. Viele trauen sich deshalb nichts mehr zu.

Aus meiner eigenen Erfahrung kann ich nur dazu raten, eigene Stärken zu entdecken. Jeder Mensch hat Stärken. Ich habe noch nie jemanden kennengelernt, der gar nichts kann. Wenn wir Stärken in uns entdecken und diese ausbauen, können wir die Verletzungen überwinden. Innerlich werden wir stark und haben so mehr Kraft, die zum Heilmittel für die Wunden wird. In meinem Beruf habe ich gelernt, Probleme zu lösen und Ursachen von Krankheiten zu erkennen. Damit bekam ich die Chance, Wissen erfolgreich anzuwenden. Zudem weiß ich inzwischen, dass ich psychisch wesentlich stabiler war als mein ehemaliger Lehrer. Auch ein solches Wissen hilft. Eines ist aber auch klar: Der Trost für solche Verletzungen braucht lange Zeit. Es ist eben keine Bagatellverletzung. Es nützt dann auch nichts, nur die Wunde zu pflegen, indem man dauernd davon erzählt. Es geht darum, innere Heilkräfte zu entwickeln. Kraft dafür bekommen wir auch im Gebet. Die Erinnerung an Kräfte, die über uns hinausgehen, stärkt unsere eigene Heilkraft. Glücklich sind Menschen, die Zugang zu beidem haben: zur geistlichen und psychischen Welt.

Wenn ich entwertet werde

ANSELM GRÜN

In seelsorglichen Gesprächen erzählen mir immer wieder Menschen, dass sie als Kinder entwertet worden sind. Sie haben ständig Worte gehört wie: »Das kannst du nicht. Du bist zu langsam. Du bist böse. Du bist ein Teufel. Du wirst es nie im Leben schaffen.« Eine Frau sagte mir, dass ihr Vater ihr ständig vermittelt habe: »Du bist der letzte Dreck. Du taugst nichts. Du hast gar kein Recht, dass wir dich ernähren.« Solche Worte setzen sich in der Seele fest. Als Erwachsene sind viele mit solchen Erlebnissen sehr empfindlich, wenn sie kritische Worte hören. Sie können die Kritik nicht annehmen, sondern fühlen wieder die alte Entwertung und sich daher von jedem, der etwas Kritisches sagt, sofort abgelehnt, entwertet, erniedrigt.

Aber es gibt auch andere Situationen, in denen man heute Entwertung erfährt. Wenn jemand in der

Öffentlichkeit beschuldigt wird, kann er sich kaum dagegen wehren. In den Medien wird es breitgetreten und auf vielfältige Weise aufgegriffen, ob die Vorwürfe stimmen oder nicht. Leserinnen und Leser haben den Eindruck: Da wird auf jeden Fall etwas dran sein. Oft können sich die Betroffenen kaum mehr in der Öffentlichkeit zeigen, weil sie sofort von Passanten beschimpft werden.

Walter Kohl, der Sohn von Helmut Kohl, dem langjährigen Bundeskanzler in Deutschland, erzählte: Als die Spendenaffäre in der CDU Ende der 1990er-Jahre ihren Höhepunkt erreichte, hatten er und sein Bruder in Deutschland keine Chance mehr. Keiner wollte mehr etwas mit ihnen zu tun haben, obwohl sie mit der Sache an sich gar nichts zu tun hatten. Aber der Name »Kohl« war sozusagen verbrannt. Damals nahm kein Unternehmen auch nur die Bewerbung einer der beiden an. Sie mussten sich ihre eigene Existenz aufbauen, der eine im Ausland, der andere hier. Es ist dann schmerzlich und ein langer Weg, aus dieser Entwertung wieder herauszukommen. Walter Kohl hat diesen Weg beschritten, indem er ein Buch über seine Kindheit und seine Entwicklung geschrieben hat. Aber es hat ihn viel Mut gekostet, das zu tun und sich so in der Öffentlichkeit zu präsentieren.

Letztes Jahr bin ich Jörg Kachelmann begegnet, der als Moderator bei Riverboat in Leipzig arbeitet. Ich wusste aus der Presse, dass er beschuldigt worden war, eine Frau vergewaltigt zu haben. Und ich spürte, dass es mir gar nicht leicht fiel, ihm ohne Vorurteile zu begegnen. Die Begegnung verlief sehr angenehm. Und ich spürte den Menschen im Gespräch. Erst später habe ich dann gelesen, dass er von allen Vorwürfen freigesprochen worden ist. Ich habe selbst gemerkt, dass die Berichte in der Presse mich zu einem Vorurteil verleitet hatten. Ich habe mich in ihn hineingefühlt: Wie mag es ihm ergangen sein, als er öffentlich angeklagt worden war und kein Fernsehsender mehr etwas mit ihm zu tun haben wollte? Es braucht viel Selbstvertrauen, nach so einer Entwertung wieder in die Öffentlichkeit zu gehen.

Wenn ich über diese Situationen der Entwertung nachdenke, dann frage ich mich: Welches Trostmittel könnte ein solcher Mensch in der Apotheke finden? Mir ist der Anfang von Kapitel 43 beim Propheten Jesaja eingefallen: »Jetzt aber, so spricht der Herr, der dich geschaffen hat, Jakob, und der dich geformt hat, Israel: Fürchte dich nicht, denn ich habe dich ausgelöst, ich habe dich beim Namen gerufen, du gehörst mir. Wenn du durchs Wasser schreitest, bin ich bei dir, wenn durch Ströme, dann reißen sie dich nicht fort. Wenn du durchs Feuer gehst, wirst du nicht versengt, keine Flamme wird dich verbrennen. Denn ich, der Herr, bin dein Gott, ich, der Heilige Israels, bin dein Retter« (Jesaja 43,1–3).

Wenn ich diese Worte in die Entwertung hineinspreche, die ich erlebt habe, dann werde ich mit neuen Augen auf sie schauen. Schon der erste Satz öffnet mir die Augen dafür, dass mich die Menschen zwar entwertet haben, dass dies aber zugleich der Weg ist, auf dem Gott mich auf neue Weise formt. Er formt mich so, wie er im Alten Testament Jakob in Israel umbenennt und auch umformt: aus dem, der sich bisher erfolgreich durch das Leben geschlängelt hat, in einen Kämpfer, der sich den Höhen und Tiefen des Lebens stellt (Genesis 32,23–33). Die Entwertung wird mir also nicht schaden, sie formt mich vielmehr zu einem reifen Menschen, der nun wie der an der Hüfte verwundete Jakob anders ins Leben geht: langsamer, behutsamer, achtsamer.

Der nächste Vers sagt mir: Ich gehöre nicht den Menschen, die mich entwerten. Ich gehöre Gott. Ich stelle mich dem Urteil Gottes und nicht dem der Menschen. Wenn ich Gott gehöre, dann haben die Menschen keine Macht über mich. Das wird im Folgenden bei Jesaja in zwei Bildern ausgedrückt. Da ist einmal das Wasser. Es mögen noch so viele Wellen der Schmähung über mich ergehen, noch so viele Fluten von Hass oder Neid mich überschwemmen: Ich werde nicht untergehen. Wasser steht für das Unbewusste. Wenn mich Menschen wegen eines vermeintlichen Fehlers entwerten, dann bricht Unbewusstes in ihnen auf. Das, was sie bisher verdrängt haben, kommt zum Vorschein, indem sie mich beschimpfen. Letztlich reden sie über sich selbst. Aber ich werde nicht untergehen in diesen Fluten. Das andere Bild ist das des Feuers: Wenn ich durch das Feuer der Aggressionen gehe, die mich von allen Seiten bedrängen, so wird es mich nicht versengen. Ich nehme die Aggressionen wahr. Aber sie werden mich nicht verbrennen.

Solche Trostworte heben die Entwertung durch andere Menschen nicht auf. Aber sie geben mir Halt und stärken mir den Rücken. Ich kann mich an ihnen festhalten. Natürlich genügt es nicht, diese Worte einmal zu lesen und kurz darüber nachzudenken. Es wäre gut, einen langen Spaziergang zu machen und sie sich immer wieder vorzusagen. So können sie sich langsam in mich einprägen und die entwertenden Worte aus mir vertreiben. Dann werde ich nicht im Selbstmitleid über die Entwertung versinken und von den Aggressionen, die auf mich einstürmen, nicht selbst aggressiv oder depressiv werden. Ich erlebe Gott wie einen Schutzschild, der die Aggressionen abhält und mich beschirmt und beschützt.

ANSGAR STÜFE

Der Selbstwert eines Menschen hängt von seinem Empfinden ab. Wenn jemand bewusst oder unbewusst diesen Wert herabsetzt, fühlen wir uns schlecht. Oft genügen dazu schon kurze Sätze. Dazu ein Beispiel: Ich arbeitete längere Zeit in einer Röntgenabteilung. Diese wurde von einer Frau geleitet. Sie war eine hervorragende Röntgenologin und dazu eine sehr liebenswerte Frau, litt aber darunter, wenn jemand ihre Stellung und ihr

Fachwissen nicht ernst nahm. An einem Tag hatte sie einen Patienten untersucht. Er lag anschließend auf einer Liege, um auf die Station gebracht zu werden. Nun musste er plötzlich auf Toilette. Daher sagt er zu ihr: »Schwester, helfen Sie mir einmal, ich muss aufs Klo.« Da fauchte sie ihn an: »Ich bin Chefärztin Frau Doktor Gudrun Schindler. Sie können auch allein aufstehen.« Dann verließ sie den Raum. Der Patient hatte auch dann nicht verstanden, was er angerichtet hatte, und bat jemand anderen um Hilfe.

Die Situation zeigt, dass viele Frauen auch heute noch den Eindruck haben, dass ihr Wert unterschätzt wird, nur weil sie eine Frau sind. Das ist tatsächlich auch oft der Fall. Der Patient konnte sich eine Frau als Chefärztin einfach nicht vorstellen. Es ist jedoch immer wichtig, sich zu fragen, von was die eigene innere Wertschätzung abhängt. Wir lassen uns oft zu sehr von fremden Beurteilungen leiten. Es geht aber vor allem darum, den Eigenwert zu erkennen. Ich bin, der ich bin, heißt es oft. Es sollte also mehr um das Sein gehen als um den Status oder die äußere Anerkennung.

Als ich meine Profess ablegte, wurde im Diözesanen Wochenblatt darüber berichtet. Dabei wurde ich

Bruder Ansgar Stüfe genannt. Als ich meinen Vater wiedertraf, erzählte er mir, dass sich ein Kollege von ihm darüber aufgeregt hatte, dass mein Doktortitel nicht genannt wurde. Er sagte: »Nicht einmal den Doktortitel gönnen sie ihm!« Damit wurde unterstellt, dass die Klosterleitung ihre Mönche absichtlich demütigt und ihre akademischen Ränge unterschlägt. Das ist natürlich Unsinn. Im Kloster wie in der Familie wäre es mehr als seltsam, mit dem Titel angesprochen zu werden. Der Kollege meines Vaters hatte also eine Wertauffassung vom Menschen, die ganz von äußeren Fakten abhängt. Das war mir immer sehr fremd.

Allerdings gibt es häufig tatsächliche Attacken auf den Wert eines Menschen. Dahinter steckt das Bedürfnis, den Eigenwert dadurch zu steigern, dass man den anderen herabsetzt. Der Vergleich mit Menschen, die angeblich weniger wert sind als man selbst, kann bei manchen große Befriedigung auslösen. Um dies zu erreichen, werden oft äußere Maßstäbe entwickelt, die frei erfunden sind.

In meiner langen Zeit, in der ich in Afrika gearbeitet habe, hatte ich viele Besucher aus Europa. Manche von ihnen kamen mit bestimmten vorgefassten Ansichten über Afrika. Sie suchten dann nur Beispiele, die ihre Ansichten bestätigten. Wenn ich mit diesem Typ von Mensch gleich nach der Ankunft vom Flugplatz in die Stadt fuhr, fielen ihm Menschengruppen auf, die am Straßenrand standen, ohne etwas zu tun. Gleich fragte er: »Es stimmt also doch, dass die Afrikaner die Arbeit nicht lieben?« Ich verstand zunächst gar nicht, wie er auf diese Idee kam, und fragte, was er denn meine. Er antwortete, dass es doch offensichtlich sei, wenn man die vielen Menschen am Straßenrand sähe, die nichts tun. Ich klärte ihn auf, dass es sich um Menschen handelte, die auf den Bus warteten. In einer Stadt wie Dar es Salaam gibt es nicht nur offizielle Busstationen. An den Ausgängen der Fabriken sammelten sich Menschen und die vielen Kleinbusse halten nach Bedarf. Ich wies darauf hin, dass Menschen in Deutschland, die auf den Bus warten, sich genauso verhielten. Bei manchen der Besucher war das Vorurteil so groß, das sie meine Erklärung nicht glaubten.

Herabwertungen von Menschen in anderen Kulturen kommen aus tiefsitzenden Trieben. Menschen organisierten sich zunächst in Familien und Familienverbänden. Diese waren die Überlebensstrukturen alter Gesellschaften. Jeder, der nicht dazugehörte, war minderwertig. Diese Urstruktur ist wegen der riesigen Fläche gerade in Afrika am stärksten lebendig. Afrikaner unterschiedlicher Stämme setzen sich fortwährend herab. In zahlreichen Gesprächen hörte ich abwertende Bemerkungen über andere Stämme. Daher ist es für europäische Rassisten oft leicht, ihre Haltung in der afrikanischen Kultur zu rechtfertigen.

In dieser Hochschätzung des eigenen Clans ist ein großes Menschheitsproblem verborgen. Die Lehre Jesu widerspricht dem diametral. Nach seinen Aussagen ist jeder Mensch gleich, weil er seine eigene Schwester und sein eigener Bruder ist. Jesus distanzierte sich von der Familienstruktur seiner Zeit mit Worten, die an Klarheit nichts zu wünschen übrig ließen. Als ihm gesagt wurde, seine Mutter und seine Familie stünden vor der Tür und wollten ihn sprechen, wies er auf die umstehenden Menschen und sagte: »Diese sind meine Mutter, meine Schwestern und meine Brüder.«

Wenn wir diese Lehre Jesu ernst nehmen würden, könnten wir den Wert anderer Menschen nicht mehr herabsetzen. Auch unser Selbstwertgefühl hinge dann nicht mehr davon ab, ob wir akademische Titel haben,

Deutsche oder Afrikaner sind oder gar Mann oder Frau. Unsere Existenz allein schafft unseren Wert. Das sollten wir uns jeden Abend bei der Tagesrückschau immer wieder vor die eigenen Augen halten.

Wenn ich mir selbst leidtue

ANSELM GRÜN

Es gibt Menschen, die immer jammern. Wenn sie erkältet sind, dann setzen sie eine Leidensmiene auf und bemitleiden sich selbst, dass sie jetzt einen Schnupfen haben. Natürlich hat keiner von uns gerne Schnupfen. Es ist unangenehm, wenn die Nase läuft und man ständig schnäuzen muss. Aber es gibt Menschen, die daraus ein Drama machen und dann im Selbstmitleid schwimmen. Sie ziehen immer die gleichen Kreise und kommen nie heraus.

Manche tun sich selber leid, ohne dass man als Zuschauer einen Grund dafür finden kann. Sie jammern, dass alles so schwer sei. Wenn man sie fragt, wie es ihnen geht, dann sagen sie: »Ach, das Leben ist nicht so einfach mit den Kindern. Und der Beruf ist so anstrengend. Das Leben ist wirklich nicht leicht.« Als Zuhörer muss man da manchmal schon schmunzeln.

Denn ganz gleich, wann man nach dem Wohlbefinden fragt, immer geht es nicht gut, immer ist irgendetwas, das das Leben so schwer macht und einem die Freude nimmt. Man hat den Eindruck: Selbst, wenn alles nach außen hin gut ist, sucht man immer einen Grund für das Jammern über die Schwere des Lebens.

Wenn jemand so im Selbstmitleid aufgeht, würde ich ihm nicht gleich ein Wort der Bibel zur Meditation geben. Ich würde eher mit Humor antworten, damit der andere sich auf lockere Weise von seinem Jammern distanzieren kann. Ich würde ihn erst einmal bestätigen: »Ja, das Leben ist wirklich schwer. Aber ich nehme es einfach leicht. Dann geht es mir besser damit.« Ich möchte natürlich den anderen nicht auslachen, ihn aber doch zu einer anderen Sichtweise einladen, indem ich einfach anders reagiere. Wenn ich gegen seine Worte argumentiere, etwa mit: »Es ist doch nicht so schlimm. Versuche einfach, dich durchzukämpfen«, dann würde ich eine heillose Diskussion entfachen. Die Antwort wäre: »Du hast gut reden. Dein Leben ist auch leichter. Aber mein Leben ist einfach schwer.« Und dann könnten wir unendlich hin und her argumentieren. Wir würden nicht weiterkommen. Da hilft ein humorvolles Wort eher, seine eigene Sichtweise infrage zu stellen.

Vielleicht kann ihm ein Wort aus dem Buch Kohelet helfen, seine Sichtweise zu hinterfragen: Der manchmal pessimistische, aber oft auch humorvolle Prediger sagt: »Wer ständig nach dem Wind schaut, kommt nicht zum Säen, wer ständig die Wolken beobachtet, kommt nicht zum Ernten« (Kohelet 11,4).

Es ist ein Sprichwort, das die Kraft hat, uns eine neue Sicht zu ermöglichen. Es sagt mir: Wenn ich ständig nach dem Wind schaue, wenn ich mir ständig überlege, was alles passieren könnte, was mir widerfahren könnte, dann komme ich nicht dazu, den Samen auf dem Acker meines Lebens auszusäen. Dann wird auch nichts auf meinem Acker wachsen. Wenn ich nur die Wolken anschaue, die wieder Regen bringen und mir den Ausflugstag vermiesen könnten, dann vergesse ich das Ernten. Mein Leben wird dann keine Frucht bringen. Gegen diese negative Sicht fordert uns der Prediger auf: »Geh auf den Wegen, die dein Herz dir sagt, zu dem, was deine Augen vor sich sehen« (Kohelet 11,9).

Wir sollen nicht ständig auf die Wolken schauen, die unser Leben verdunkeln, sondern einfach unserem Herzen folgen und auf das zugehen, was uns vor Augen liegt. Wir sollen einfach das tun, was gerade dran ist. Dann werden wir uns nicht mehr selbst leidtun. Wir sind im Einklang mit unserem Herzen und schauen auf das, was das Leben uns bietet. Davon vergehen das Jammern und Grübeln. Die dunkle Sicht auf die Dinge hellt sich auf, wenn wir unser Herz spüren und mit unserem Herzen in Einklang kommen.

ANSGAR STÜFE
....

Selbstmitleid hat kein hohes Ansehen. Menschen, die gern jammern, finden in der Regel keine Solidarität bei ihren Mitmenschen. Warum schwelgen trotzdem so viele in Selbstmitleid? Wer voller Selbstmitleid ist, macht äußere Umstände und andere Menschen für die Schwierigkeiten in seinem Leben verantwortlich. Damit entgeht er der Aufgabe, herauszufinden, welche Probleme selbstgemacht sind und welche von außen kommen. Es bringt solchen Menschen große innere

Erleichterung, andere für das eigene Unglück verantwortlich zu machen.

Eine Frau beklagte sich bei mir einmal, dass sie bei einer wissenschaftlichen Tagung schlecht behandelt worden sei. Als Einzige sei sie nicht auf das Gruppenfoto gekommen. Ihr sei keine Mitteilung über die Aufnahme gemacht worden. Man wolle sie eben nicht dabeihaben. Nun wusste ich, dass diese Dame sich sehr ungern fotografieren lässt und auch immer darauf hinweist. Wahrscheinlich hatte sie sich auch dagegen gewehrt, während der Tagung aufgenommen zu werden. Beim offiziellen Fototermin wurde sie dann logischerweise nicht eingeladen. Genau betrachtet hat sie diese Vorgehensweise der anderen Teilnehmer also selbst ausgelöst. Die Frage, die sie sich hätte stellen sollen, wäre gewesen: Warum lasse ich mich ungern fotografieren? Möglicherweise liegt dem ein größeres Problem zugrunde, dem sie sich nicht hatte stellen wollen.

Eigentlich gehört Selbstmitleid in die Kinder- und Jugendzeit. In diesem Alter fühlen wir uns alle noch unsicher und unverstanden. Ich hatte einen sehr fortschrittlichen Vater, der feststellte, dass meine Zähne ungerade waren. So wurde ich zu einer Kieferorthopädin geschickt. Schon der Gebissabdruck war demütigend. Ich hatte einen starken Würgereiz und die etwas ungeduldige Ärztin drückte die Abdruckmasse unerbittlich in meinen Unterkiefer. Als ich dann doch zu würgen begann, rief sie mir zu: »Nimm dich zusammen und atme durch die Nase!« Dabei musste ich die ganze Zeit auf den Rücken der Hand blicken, die halb in meinem Mund festsaß. Bis heute erinnere ich mich an die roten Haare darauf. Anschließend bekam ich eine Zahnspange. In der damaligen Zeit trugen fast nur Mädchen eine Spange. So fühlte ich mich im Alter von elf Jahren von der Gemeinschaft Gleichaltriger besonders ausgegrenzt.

Zur selben Zeit stellte der Amtsarzt fest, dass ich Plattfüße hatte und Einlagen tragen musste. Ich ging also zu einem Fachgeschäft und es wurden mir durchsichtige Plastikeinlagen in die Schuhe gelegt. Mir schmerzte das Gehen danach mehr als vorher. Wenige Monate später sah ich schlechter. Der Augenarzt stellte eine Fehlentwicklung der Hornhaut fest. Das führte zur verzerrten Bildwahrnehmung und konnte durch starke Brillengläser ausgeglichen werden. Als ich dann mit dicken Brillengläsern, der Spange im Mund nur noch schlecht gehen konnte, musste ich einmal von Herzen weinen. Ich schwamm förmlich in Selbstmitleid.

Es gehört zur menschlichen Reifung, mit solchen Einschränkungen zurechtzukommen. Die Spange war nach vier Jahren überflüssig, die Einlagen ließ ich einfach weg und die Brille wurde erträglich, als ich ein modisches Gestell bekam. Wenn ich diese Erfahrungen heute jemand Gleichaltrigem erzähle, kann sich fast jeder an ähnliche Erlebnisse aus der Zeit des Heranwachsens erinnern. Die meisten erzählen mit Augenzwinkern und heiter gestimmt davon.

Diese Erinnerung ist wichtig, wenn wir erneut in Selbstmitleid verfallen. Es ist eine Basisübung jeder Psychotherapie: Wir sollten uns fragen, wie wir damals mit dem Selbstmitleid umgegangen sind. Es gibt Menschen, die Probleme nie wirklich bewältigt haben und sie ins Unterbewusste verdrängt haben. In ähnlichen Situationen reagieren sie dann immer noch wie in der Jugendzeit. So kann das aktuelle Selbstmitleid Anlass sein, mehr in die Tiefe unsere Seele vorzustoßen.

In unserer geistlichen Tradition eignen sich dazu die Exerzitien des Heiligen Ignatius. Unter Anleitung können Bibelstellen helfen, unsere Schwächen anzuschauen. Ich habe Einzelexerzitien als religiöse Psychotherapie empfunden. Sie war mir eine wichtige Hilfe, von selbstzentriertem Denken loszukommen und die Probleme anderer wahrzunehmen.

Wenn alles schiefzulaufen scheint

ANSELM GRÜN

Es gibt Tage, da scheint sich die Welt gegen uns verschworen zu haben. Ich komme zu spät zum Bahnhof. Vor lauter Aufregung gehe ich ans falsche Gleis. Vor meinen Augen fährt der Zug am anderen Gleis ab. Dann hat der nächste Zug, den ich nehmen könnte, Verspätung. Und als er schließlich kommt, ist er übervoll, sodass ich keinen Platz finde. Beim Abstellen des Gepäcks schürfe ich mir die Finger auf … An solchen Tagen habe ich das Gefühl: Heute geht wirklich alles schief. Ich ärgere mich über mich selbst. Und ich erwarte fast schon, dass es dann so weitergeht, wenn ich am Ziel ankomme. Tatsächlich habe ich dann auch noch das Handy vergessen, sodass ich den Freund, der mich abholen möchte, nicht erreichen kann. Er ist unverrichteter Dinge wieder nach Hause gefahren. So muss ich wohl oder übel ein Taxi nehmen. Doch der Taxifahrer trickst und verlangt mehr Fahrgeld, als angemessen wäre für die Strecke.

Manche sagen dann: Heute ist alles verhext. Heute stehe ich wie unter einem Fluch. Das drückt unsere Stimmung. Wir werden dann nur von negativen Gedanken bestimmt, sodass wir schon das nächste Unheil erwarten. Und oft werden dann unsere negativen Gedanken wie zu einer sich selbst erfüllenden Prophezeiung. Wir schaffen uns gleichsam mit unseren destruktiven Gedanken das nächste Unglück. Natürlich können wir mit unseren Gedanken nicht unsere Zukunft bestimmen. Aber wenn wir negativ denken, erleben wir das, was uns geschieht, oft auch als negativ. Wenn mir so etwas geschieht, spüre ich natürlich auch den Ärger in mir. Aber dann sage ich mir: Mein Ärger macht die Sache nur noch schlimmer. Es ist jetzt einfach so. Ich mache das Beste daraus. Manchmal wendet sich dann auf einmal das Blatt. Ich habe im Zug einen netten Sitznachbarn, mit dem ich gut ins Gespräch komme. Oder ich treffe jemanden, der mir am Zielort weiterhilft. Es kommt darauf an, die schlechte Laune, die durch das ständige Missgeschick in mir hochkommt, wahrzunehmen, sie aber auch loszulassen und sich auf das einzulassen, was gerade ist. Dann werde ich es als nicht so schlimm erleben. Im Gegenteil, manchmal wird sich dann das Unglück in Glück verwandelt.

Wie nah Unglück und Glück oft beieinanderliegen, hat Christian Morgenstern in eine Geschichte gefasst: Einem Bauern ist das einzige Pferd weggelaufen. Alle meinen: So ein Unglück. Doch der Bauer sagt: »Wer sagt denn, dass dies ein Unglück ist?« Tatsächlich kehrt das Pferd nach einigen Tagen zurück und bringt noch ein Wildpferd mit. Jetzt meinen alle: Welch ein Glück! Doch dann brach sich der Sohn des Bauern beim Zureiten des Wildpferds das Bein. Wieder meinten alle, das sei aber ein Unglück. Doch dann kamen die Soldaten, um die jungen Männer zum Krieg einzuziehen. Der Sohn durfte zu Hause bleiben, weil er verletzt war. Da riefen die Nachbarn: »Was für ein Glück! Dein Sohn wurde nicht eingezogen!« Morgenstern schließt seine Geschichte mit den Worten: »Glück und Unglück wohnen eng beisammen, wer weiß schon immer sofort, ob ein Unglück nicht doch ein Glück ist?«

Ein Trostwort könnte der Vers aus Psalm 119 sein, in dem ein frommer Mensch sein Leben im Licht der Weisungen Gottes meditiert. Da heißt es: »Meine Seele zerfließt vor Kummer. Richte mich auf durch dein Wort« (Psalm 119,28). Wenn heute wirklich alles schiefgelaufen ist, dann überspringe ich das negative Gefühl nicht. Ich drücke es aus in dem Bild, dass meine Seele gleichsam zerfließt vor Kummer. Aber in meiner schlechten Laune wende ich mich an Gott und vertraue darauf, dass er mich wieder aufrichtet. Dann kann ich der schwierigen Situation aufrecht begegnen, ohne mich von ihr niederdrücken zu lassen. Natürlich wirkt so ein Wort nicht gleich ein Wunder. Aber ich bleibe nicht in meinem Kummer, in meinem Ärger hängen. Ich schaue auf etwas anderes – hier auf ein Wort der Bibel. Ich kann mir natürlich sagen: Das ist mir zu fromm. Das hilft mir gar nicht weiter. Aber ich kann auch überlegen: Wenn dieser Satz stimmt, wie fühle ich mich dann? Wenn ich wirklich daran glaube, dass Gott mich aufrichten kann durch sein Wort, dann bekomme ich zumindest Abstand zu all dem Missgeschick, das mir heute passiert ist.

ANSGAR STÜFE

Als ich ein junger Arzt war und in der Inneren Abteilung eines Krankenhauses arbeitete, häuften sich manchmal die Vorkommnisse mit schlechtem Ausgang: Ein Befund war verschwunden, eine Diagnose wurde falsch gestellt, ein Patient verweigerte die Behandlung und jemand starb, von dem es niemand erwartet hätte. Alle diese Nachrichten kamen beim Chefarzt zusammen, der sie einordnen musste und nach Erklärungen suchte. An manchen Tagen seufzte er tief und sagte: »Heute haben wir einen *dies ater* (Schwarzer Tag), wie die Römer sagten.« Eigentlich sind all diese bedrückenden Ereignisse für sich genommen ganz übliche Alltagsprobleme. Natürlich geht immer wieder ein Befund verloren oder ein Patient verweigert sich einer Anwendung. Wo Menschen arbeiten, passieren immer wieder Fehler. Ich hatte zum Beispiel einmal einen Patienten mit Verdacht auf Leukämie und ihm deshalb sofort eine Probe aus dem Knochenmark entnommen und in das entsprechende Institut zur Untersuchung geschickt. Diese Untersuchung ist nicht zeitaufwändig. Ein Ausstrich auf einem Deckglas wird gefärbt und dann im Mikroskop angeschaut. Dazu ist ein sehr erfahrener Experte nötig, der aber innerhalb weniger Minuten die Diagnose stellen kann. Als ich nach zwei Tagen nach dem Ergebnis fragte, stellte ich zu meinem Erschrecken fest, dass das Institut überhaupt keine Untersuchungsprobe bekommen hatte. Ich lief also der Kette von Lieferstellen hinterher. Letztlich kam heraus, dass der Fahrer die Proben im Auto hatte liegen lassen. Ich habe mich natürlich fürchterlich darüber geärgert. Immerhin hängt von solchen Untersuchungen ein Menschenleben ab. Wenn dann am selben Tag ein Patient Nebenwirkungen eines Medikaments spürt, die sehr selten sind, und bei einer anderen Untersuchung herauskommt, dass alle Therapie umsonst war und nichts geholfen hat, scheint alles schiefgelaufen zu sein. Dann kann im Arzt das Gefühl aufkommen, dass sein Beruf völlig sinnlos ist. Es gab Augenblicke, in denen auch ich bereute, Arzt geworden zu sein.

Diese Gefühle darf man an solchen Tagen auch haben. Wir sind Menschen mit Emotionen und begrenzter Belastbarkeit. Nach ein paar Tagen können wir aber einmal innehalten und darüber nachdenken. Im stillen

Gebet vor Gott gelingt das am besten. Da kann ich alles vor Gott hinstellen und meine Seele entrümpeln. Nach einiger Zeit sollte dann die Einsicht kommen, dass die zeitliche Häufung das eigentliche Problem ist. Die schönen Tage, in denen sich die angenehmen Ereignisse häufen, nehmen wir allzu selbstverständlich hin. Es wäre wichtig, die guten Tatsachen mehr in den Blick zu nehmen und jeden Tag Gott dafür zu danken, dass es so war. Dann wird ein einziger schlechter Tag erträglicher, wenn er viel Schlimmes mit sich bringt. Es kommt also darauf an, schlechte Erfahrungen in einen Gesamtzusammenhang zu stellen.

Schwierig wird es natürlich, wenn wir andere trösten sollen, denen gerade Schlimmes widerfahren ist. In solchen Situationen sollte man einfach nur zuhören. Es geht nicht darum, die Ereignisse kleinzureden. An Tagen des Missgeschicks muss sich die Seele erleichtern. Da braucht es Menschen, die gerade keine große Problemlast mit sich herumtragen. Oft sind das Eltern oder Freunde. Gott spricht eben auch durch andere Menschen. Ein einsames Gebet in der Kirche hilft dann nicht, es braucht den Kontakt mit verständnisvollen Menschen.

Durch das Gespräch lässt der Druck nach und die Betroffenen werden wieder offen für soziale Kontakte zur Ablenkung. Da kann es richtig sein, sich bei einem Glas Wein oder Bier zusammenzusetzen und gemeinsam den Kummer zu löschen. Ich nahm einmal an Exerzitien teil, die von einem sehr erfahrenen Seelsorger geleitet wurde. Nach allen möglichen frommen Weisungen sei es nötig, seine Probleme auch leiblich anzugehen, meinte er. Er erzählte von einem oberbayerischen Pfarrer, der gesagt hatte: »Wenn dich ein Problem zu sehr drückt, schwenk es owi! (Spül es hinunter)« Natürlich ist darunter eine einmalige Aktion zu verstehen und keine Dauerlösung durch Alkohol empfohlen. Solche Treffen gehören zu Grundformen des menschlichen Zusammenlebens. Es ist doch erstaunlich, dass gerade Jesus zu solchen Formen des Zusammenseins gegangen ist und daran teilgenommen hat. Das brachte ihm sogar den Ruf ein, ein »Säufer und Fresser« zu sein.

Sollte uns an »schwarzen Tagen« die Seele einknicken, bekommen wir bei Gott und den Mitmenschen Hilfe. Ein Glas Wein kann eine helfende Unterstützung sein.

Wenn ich mich über mich selbst ärgere

ANSELM GRÜN

Wen wir uns ärgern, zeigt dies uns häufig an, dass wir uns gegenüber anderen besser abgrenzen sollten. Oft ärgere ich mich jedoch auch über mich selbst, weil ich meine Grenze nicht geschützt habe und den anderen so über meine Grenzen habe treten lassen. Es gibt allerdings auch andere Gelegenheiten, in denen ich mich über mich ärgere. Zum Beispiel, wenn mir im Gespräch die passenden Worte nicht einfallen. Hinterher, im Nachdenken darüber, fällt mir auf einmal ein, was ich hätte sagen sollen. Ich ärgere mich auch über mich, wenn ich mich vor anderen blamiert habe, weil in einem Gespräch über ein Thema mein Unwissen deutlich geworden ist. Ich ärgere mich, wenn mir ein Missgeschick passiert, wenn ich den Schlüssel oder die Brille irgendwo habe liegen lassen, wenn mir das Glas aus der Hand fällt und zerbricht.

Die Bibel spricht oft vom Ärger. Das Buch der Sprichwörter weiß: »Schwer ist der Stein, und eine Last ist der Sand, doch der Ärger mit einem Toren ist schwerer als beides« (Sprichwörter 27,3). Der Ärger über einen törichten Menschen ist schwer zu tragen. Auch der kritische Philosoph Kohelet weiß um den Ärger. Er meint: Alle Tage besteht unser Tun nur aus Ärger und Sorge (vgl. Kohelet 2,23). Sogar das viele Wissen bringt nur Ärger: »Viel Wissen, viel Ärger, wer das Können mehrt, der mehrt die Sorge« (Kohelet 1,18). Doch der weise Prediger gibt auch einen Rat, wie wir mit dem Ärger umgehen sollen: »Lass dich nicht aufregen, sodass du dich ärgerst, denn Ärger steckt in den Ungebildeten« (Kohelet 7,9). Das klingt sehr rational. Wir kennen diese Sicht aus der stoischen Philosophie. Kohelet meint, dass der gebildete Mensch mit anderen Augen auf das sieht, was ihn ärgert. Er hat einen größeren Überblick über das, was geschieht. Daher regt er sich nicht ständig über die Kleinigkeiten des Alltags auf.

Nach all den skeptischen Bemerkungen, dass so vieles »Windhauch« ist, gibt der Autor aber dann doch einen Rat, wie wir gut leben können: »Freu dich, junger Mann, in deiner Jugend, sei heiteren Herzens in deinen frühen Jahren. Geh auf den Wegen, die dein Herz dir sagt, zu dem, was deine Augen vor dir sehen. Halte deinen Sinn von Ärger frei und schütz deinen Leib vor Krankheit; denn die Jugend und das dunkle Haar sind Windhauch« (Kohelet 11,9 f.). Die Frage ist, wie wir unseren Sinn von Ärger freihalten können. Nach den Worten des Weisen sollen wir das, was uns ärgert, relativieren: Alles ist nur Windhauch. Daher sollen wir das tun, was in unserer Hand liegt, uns an dem freuen, was wir täglich vor Augen sehen, und unseren Sinn möglichst von Ärger freihalten.

Auch der Weisheitslehrer Jesus Sirach kennt den Ärger und rät uns, uns davon fernzuhalten: »Überrede dich selbst und beschwichtige dein Herz, halte Verdruss von dir fern! Denn viele tötet die Sorge, und Verdruss hat keinen Wert. Neid und Ärger verkürzen das Leben, Kummer macht vorzeitig alt« (Jesus Sirach 30,23 f.). Wir überwinden den Ärger – so meint Jesus Sirach –, wenn wir unser Herz beschwichtigen. Wir sollen zu unserem Herzen sprechen und ihm gut zureden. Wir sollen ihm sagen, dass es sich nicht lohnt, sich zu ärgern. Denn der Ärger hat keinen Wert. Er verkürzt nur das Leben. Das scheint auch eine sehr rationale Lösung zu sein. Sie wird nicht immer wirken. Aber sie kann zumindest eine Hilfe sein, mit seinem Ärger angemessen umzugehen. Wir haben in uns immer auch die Möglichkeit, uns vom Ärger zu distanzieren. Wir sind ihm nicht hilflos ausgeliefert.

ANSGAR STÜFE

Die meisten Menschen ärgern sich mehr über sich selbst als über andere. Meistens liegt das daran, dass wir eine bestimmte Absicht verfolgen, aber durch eigenes Fehlverhalten genau das Gegenteil erreichen.

Kürzlich fuhr ich in einem Zug der Deutschen Bahn. Solche Fahrten sind eine Quelle lehrreicher Geschichten. Zunächst fiel mir gar nicht auf, dass der Zug gewechselt wurde und ich bei gleicher Zugnummer in eine andere Richtung fuhr. Ich ärgerte mich zwar ein wenig, war dann aber dankbar, dass ich einen Alternativzug angeboten bekam. In meinem Abteil saß nämlich der Schaffner. Da kam eine Frau mittleren Alters herein und fuhr ihn an, was ihm einfalle, dass der Zug ausgefallen sei. Sie steigerte sich in immer mehr Schimpfworte hinein und gipfelte ihre Anklage mit der Drohung, dass sie dafür sorgen werde, dass er seine Stelle verlieren würde. Das war mir dann doch zu übertrieben und ich mischte mich in die Diskussion ein. Ich wollte die Dame davon überzeugen, dass die Entscheidung, ob ein Zug fährt oder nicht, gar nicht von diesem Herrn abhinge. Es wäre doch ganz sinnlos, diese starken Worte zu gebrauchen. Die Situation würde sich deswegen doch nicht ändern. Da drehte sich die Dame um und nahm mich ins Visier. »Fahren Sie täglich zur Arbeit? Wissen Sie überhaupt, was es bedeutet, nicht pünktlich zur Arbeit zu sein?«

Jetzt saß ich blamiert da, weil ich tatsächlich in meinem ganzen Leben immer zu Fuß zur Arbeit gegangen war. Anderseits war ich zu einem Vortrag unterwegs, ähnlich wie Pater Anselm. Aber es war eine Ausnahmereise. Ich wusste nicht, was ich sagen sollte, und ärgerte mich, mich in das Gespräch eingemischt zu haben. Die Frau stieg dann aus und ich konnte mich mit dem Schaffner unterhalten.

Meine Absicht war es gewesen, dem Schaffner zu helfen und die Dame zu beruhigen. Beides war mir nicht gelungen. Es ist eben ganz schlecht, jemanden beruhigen zu wollen, der sich in einer Phase der Erregung befindet. Ich hätte sie ausreden lassen sollen und mich nachher nur dem belästigten Schaffner widmen sollen. Das wäre die richtige Reaktion gewesen. Aus solchen Situationen sollten wir lernen und unsere Reaktionen anpassen. Wir neigen oft dazu, uns zu überschätzen. Deswegen scheitern wir häufig. Es kommt immer darauf an, die wirklichen Möglichkeiten abzuschätzen, bevor wir in diese Situation geraten.

Besonders ärgere ich mich über mich selbst, wenn ich die Menschen heiter stimmen möchte und das genaue Gegenteil erreiche. Da meine Großmutter Polin war, nahm ich mir ab und zu das Recht, Witze über Papst Johannes Paul II. zu erzählen. Ich dachte, dass ich als Viertel-Pole keinem nationalistischen Verdacht ausgesetzt wäre. Der Witz ist eigentlich immer noch aktuell und wird hoffentlich von keiner Leserin und keinem Leser falsch verstanden:

Papst Johannes Paul hatte einmal die Chance, Gott direkt drei Fragen zu stellen. So fragte er: »Wird der Zölibat abgeschafft?«
Antwort von Gott: »Nicht, solange du Papst bist.«
»Werden Frauen zu Priestern geweiht?«
Antwort von Gott: »Nicht, solange du Papst bist.«
»Wird wieder ein Pole Papst werden?«
Antwort von Gott: »Nicht, solange ich Gott bin.«

Diesen Witz erzählte ich einem Bekannten, dem er sehr gut gefiel. Nach einiger Zeit traf ich ihn wieder. Er sagte mir, dass ich ihn in große Verlegenheit gebracht hätte. Er war zu Besuch bei Freunden in Osteuropa. Zur Heiterkeit wollte der diesen Witz beisteuern. Niemand lachte. Man warf ihm vielmehr westeuropäische Arroganz und einen Schuss Rassismus vor. Ich war völlig überrascht und nahm mir vor, diesen Witz nie mehr zu erzählen. Auch das ist eine falsche Reaktion. Ärger über sich selbst darf nicht zu übertriebenen Reaktionen führen. Wenn wir eine emotionale Stimmung beeinflussen wollen, ob mit Ernst oder Humor, müssen wir unsere Umgebung wahrnehmen. Wir können unsere

Geschichten eben in manchen Situationen erzählen und in manchen nicht.

Manchmal brauche ich aber gar keinen anderen Menschen, um mich über mich selbst zu ärgern. Jeder hat Sehnsüchte, die eigentlich nicht bekömmlich sind, wenn sie erfüllt werden. Das gilt zum Beispiel fürs Essen. Bei mir und vielen anderen lösen sehr fette Speisen Magenschmerzen und Verdauungsstörungen aus. Bei mir ist das bei Käsesauce und reiner Kräuterbutter so. Wenn es mir wieder einmal passiert ist, nehme ich mir fest vor, das nie mehr zu essen. Wenn dann einige Zeit vergangen ist, wird der Vorsatz schwach. Dann denke ich: Ach, so schlimm war es auch wieder nicht, und greife zu denselben folgenreichen Köstlichkeiten. Die Konsequenzen sind vorhersehbar, und ich ärgere mich maßlos, weil ich eine schlaflose Nacht mit Sodbrennen hinter mich gebracht habe. Bei solchem Verhalten hilft aber der Ärger auch nichts. Wir sollten lieber die Demut entwickeln, unsere Schwächen innerlich zuzugeben. Dann können wir solche Situationen besser ertragen. Diese Sehnsüchte liegen ja unseren tiefen Antrieben zugrunde. Der Essenstrieb gehört zum Überleben. Im Unterschied zum Tier kann der Mensch aber das Essen, das er liebt, selbstständig auswählen. Leider gelingt es ihm nicht immer, das auszuwählen, das ihm am besten bekommt. Es ist eigenartig, dass unsere Sehnsucht nicht immer auf unser Bestes gerichtet ist.

Es wäre also das Ziel persönlicher Reife, zu erkennen, dass wir Sehnsüchte haben, die uns nicht bekommen, wenn sie in Erfüllung gehen. Das Essen ist dafür nur ein Beispiel. Es besteht ein Unterschied zwischen Bedürfnis und Wollen. Wir bedürfen der Liebe und der Zuwendung. Dieses Bedürfnis entspricht aber oft nicht unseren Sehnsüchten. Viele Menschen sehnen sich nach einem ruhigen und friedlichen Leben. Dabei kommen wir nur vorwärts, wenn wir uns Auseinandersetzungen stellen und Konflikte lösen. Indem wir Konflikte nur vermeiden oder nur Frieden schaffen wollen, wie ich im Zug, wird das Problem nicht gelöst. Der Ärger über uns selbst kann also vermindert werden, wenn wir lernen, unsere wirklichen Bedürfnisse zu kennen und unsere Ziele danach auszurichten. Manchmal hilft der Ärger über sich selbst auch, sich zu bessern. Er schafft neue Einsichten. Das ist dann der eigentliche Trost für den Ärger über sich selbst.

Wenn ich mir selbst nicht vergeben kann

ANSELM GRÜN

Ich gebe öfter einen Kurs zum Thema »Vergib dir selbst«. Darin geht es einmal um die Vergebung, die Gott uns gewährt, dann aber auch um die Vergebung, die wir anderen gegenüber üben. Und letztlich auch um die Vergebung mir selbst gegenüber. Viele Kursteilnehmer erzählen, dass es ihnen schwerer fällt, sich selbst zu vergeben als anderen. Warum ist das so?

Wenn wir einen Fehler machen oder Schuld auf uns laden, dann kratzt das an unserem Selbstbild. Am liebsten würden wir ein Leben lang schuldlos bleiben. Doch dann erleben wir, dass uns das nicht gelingt. Ob wir wollen oder nicht, wir machen Fehler, wir werden schuldig. Wir können uns den Fehler oft nicht verzeihen, weil wir den Anspruch an uns haben, fehlerfrei durchs Leben zu kommen. Doch das ist eine Illusion. Andere können sich nicht vergeben, wenn sie jemanden durch ihre unbedachten Worte verletzt haben. Sie grübeln ständig nach über die Folgen ihrer Fehler und ihrer Worte. Doch dieses Grübeln löst gar nichts. Es schadet uns und dem, den wir verletzt haben. Sinnvoller ist es, die verletzenden Worte Gott hinzuhalten und ihn darum zu bitten, dass er das Gespräch, in dem diese Worte gefallen sind, in Segen verwandelt – für uns selbst und für den anderen. Dann hören wir auf, ständig über die Folgen unserer Worte nachzudenken und uns selbst dabei zu beschuldigen.

Ich erlebe Menschen, die eine wirkliche Schuld auf sich geladen haben und sich nicht vergeben können. Ein Beispiel: Eine Frau hatte auf Drängen ihres Mannes ihr Kind abgetrieben. Sie ist voller Schuldgefühle und kann sich selbst nicht vergeben. Ein anderer hat in seiner Jugend einen Unfall verursacht und dabei einen Menschen schwer verletzt. Er kann sich nicht vergeben, dass er so unachtsam gefahren ist. Ein Mann erinnert sich, dass er in seiner Jugend eine Freundin hatte und sie mit einer anderen betrogen hat. Ihm tut es nicht nur leid, dass er seine Freundin so verletzt hat.

Er wirft sich auch vor, dass er dadurch die Beziehung zu dieser Freundin zerstört hat. Jetzt erst merkt er, wie sehr er sie geliebt hat und dass sie eigentlich die beste Partnerin für ihn gewesen wäre.

Sich selbst zu vergeben heißt nicht, die eigene Schuld zu verharmlosen. Vielmehr geht es darum, sich die Schuld einzugestehen, sie Gott hinzuhalten und darauf zu vertrauen, dass Gott mir vergibt. Für viele ist es auch eine Hilfe, die Schuld zu beichten. In der Beichte erfahre ich, dass Gott mir wirklich vergibt. Aber dann ist es auch meine Aufgabe, mir selbst zu vergeben, mich nicht ständig mit Selbstvorwürfen zu zerfleischen. Wenn ich mir vergebe, soll das zur Demut führen. Ich habe keine weiße Weste mehr. Ich bin schuldig geworden. Das soll mich dazu führen, dass ich auch andere nicht verurteile, wenn sie schuldig werden. Vielmehr zeigt mir die Schuld anderer auch meine eigene Schuld. Das macht mich demütig und barmherzig dem anderen gegenüber.

Es gibt aber auch Menschen, die keine wirkliche Schuld auf sich geladen haben. Sie können sich jedoch nicht vergeben, dass sie sich vor anderen eine Blöße gegeben haben. Eine Unternehmerin erzählte einmal ihrem Geschäftsführer im Vertrauen, dass es ihr psychisch nicht so gut gehe. Der Geschäftsführer erzählte das weiter. Das war natürlich unfair. Doch die Unternehmerin konnte sich nicht vergeben, dass sie dem Geschäftsführer etwas von sich erzählt hatte. Ich versuchte ihr klarzumachen, dass der Geschäftsführer sich durch sein Verhalten selbst disqualifiziert habe, dass dies etwas sei, das andere verurteilen werden. Und ich versuchte ihr zu vermitteln, dass sie auch einmal schwach sein kann. Das schadet ihr letztlich nicht. Das macht sie ihren Mitarbeitern gegenüber durchaus sympathisch. Sie sollte sich verabschieden von dem Bild der perfekten Unternehmerin zugunsten einer menschlichen Unternehmerin. Das könnte auch eine Chance sein, in eine neue Beziehung zu ihren Mitarbeitern zu kommen. Die Fixierung auf die Worte, die sie gesagt und später bereut hat, hat sie so sehr beschäftigt, dass sie sich damit selbst gelähmt und geschwächt hat. Wenn sie sich selbst vergeben könnte, würde sie wieder in ihre alte Kraft kommen.

Was kann mir helfen, mir selbst zu vergeben? In meinem Kurs gebe ich den Teilnehmern immer als Übung auf, sie sollen die Worte Jesu, die er am Kreuz spricht, für sich meditieren. Lukas erzählt uns, dass Jesus am Kreuz für seine Mörder betete: »Vater, vergib ihnen, denn sie wissen nicht, was sie tun« (Lukas 23,34). Dieses Wort schenkt uns das Vertrauen, dass es nichts in uns gibt, was Gott nicht vergibt. Wenn Jesus selbst seinen Mördern vergibt, dann wird Gott uns alles vergeben, was wir an Schuld auf uns geladen haben. Aber das kann uns auch helfen, uns selbst zu vergeben.

Ich lade dazu ein, das Wort Jesu in die eigene Schuld hineinzusprechen und es dabei persönlich umzuwandeln: »Vater, vergib mir, denn ich wusste nicht, was ich tat.« Manche meinen, sie hätten schon gewusst, was sie damals taten, als sie schuldig geworden sind. In irgendeiner Weise haben sie das natürlich. Aber in der Tiefe haben sie nicht gewusst, was sie damit wirklich anrichten, was sie sich selbst und was sie anderen damit antun. Die Worte sind keine Entschuldigung und Freisprechung, sondern eine Hilfe, dass wir mit anderen Augen auf unsere Schuld oder unseren Fehler schauen. Wir müssen uns gar nicht vergeben. Indem wir die Worte Jesu in unsere Schuld hineinsprechen, geschieht in uns die Vergebung uns selbst gegenüber.

Wir werden ruhig und fühlen uns in Gottes Liebe geborgen und angenommen.

ANSGAR STÜFE

Viele Menschen leiden an Schuldgefühlen, oft aufgrund von Taten, die lange zurückliegen und eigentlich keine Rolle mehr spielen. Da kann es helfen, einen Menschen zu befragen, der in dieser Geschichte ebenfalls eine Rolle spielte. Denn meist sieht er die Sache ganz anders. Ein typisches Beispiel hat sich in meiner Jugendzeit ereignet:

Am Tag vor der Fahrt in den Urlaub legte unser Vater Wasserflaschen in den Bach vor dem Haus, um das Wasser auf die richtige Temperatur zu bringen. Eigentlich war das eher ein Spleen meines Vaters als eine sinnvolle Handlung. Meine Schwester und ich sollten die Flaschen nun herausholen. Dazu kniete sich meine Schwester hin, fischte im Bach danach und gab sie mir von unten an. Die Flaschen waren nass und glitschig. Als ich eine am Etikett zum Fassen bekam, glitt sie mir aus der Hand und fiel zu Boden. Die Scherben flogen mit einer Wucht umher, dass sie an mehreren Stellen in die Haut meiner Schwester eindrangen. Da es Sommer war, trug sie nur leichte Kleidung und die Beine waren frei. Sie blutete an mehreren Stellen. Mein Vater fuhr meine Schwester zum Krankenhaus, wo einige Schnitte genäht werden mussten. Ich hatte noch bis vor Kurzem ein schlechtes Gewissen und fühlte mich schuldig an den Verletzungen meiner Schwester. Mehr als fünfzig Jahre später erinnerten wir uns beide an dieses Ereignis. Ich erzählte ihr von meinen Schuldgefühlen. Da schaute sie mich erstaunt an und sagte, dass sie jetzt sehr überrascht sei. Sie dachte immer, sie sei damals an dem Missgeschick schuld gewesen. Da lachten wir beide aus vollem Herzen. Der eigentlich Schuldige war unser Vater: Wie kann man eine solche Idee haben, Wasser im Bach zu kühlen! Wir brauchten fünfzig Jahre, bis wir dies erkannten.

Sicher gehört das nicht zu den Schuldgefühlen, die mich beherrschen. Die Summe solcher kleinen Vorkommnisse kann aber die innere Kraft eines Menschen lähmen. Das Selbstvertrauen schwindet und das Leben wird als Plage empfunden. Eine sehr tröstliche Methode ist das Gespräch mit jenen, die in der Situation dabei waren. Sie können wie in meinem Fall die Tatsachen richtigstellen oder helfen, eine neue Sicht der Dinge zu entwickeln. Daher sollte jeder, den alte Schuldgefühle plagen, mit Freunden oder Verwandten sprechen. Das gilt auch für Fälle, in denen niemand anderes dabei war.

Als junger Arzt hatte ich sehr hohe ethische Ansprüche an mich. Gleichzeitig war ich durch das persönliche Verhalten der Patienten oft irritiert. Erst langsam merkte ich, dass die meisten Menschen, die ich behandelte, andere soziale Erfahrungen hatten als ich. Sie schilderten ihre Not und Ängste auch völlig anders. In dieser Phase hatte ich wenig Verständnis für kleinere Sorgen und Probleme. Ich fühlte mich dazu berufen, mich großen Herausforderungen zu stellen und mich nicht mit Bagatellen abzugeben. Bei einer Visite klagte eine Frau, sie habe die ganze Nacht kein Auge zugemacht. Da antwortete ich mit eingebildeter geistiger Überlegenheit: »Mit offene Augen könnte ich auch nicht schlafen.« Die Frau brach daraufhin in Tränen aus, und ich musste erkennen, wie falsch ich mich verhalten hatte. Sie brauchte keinen geistreichen Arzt, sondern jemanden, der ihre Probleme ernst nahm. Ich hatte eher die Situation einer Party als Gesprächsatmosphäre genutzt als die ernste Situation eines Mitmenschen.

Als ich das erkannt hatte, blieb mir dieses Erlebnis als großes Versagen in meinem Bewusstsein. Ich konnte mir ein solches Verhalten nicht vergeben. Dabei ist es ganz natürlich, dass wir zu Beginn einer Tätigkeit aus Unerfahrenheit Fehler machen. Es gehört nun einmal zum menschlichen Dasein, nicht perfekt zu sein. Da lag auch die ursprüngliche Wurzel meines Problems: Ich wollte perfekt sein. Es kam mir nicht in den Sinn, dass auch ich Fehler machen kann. Das ist bis heute mein Problem. Aber die Erkenntnis meines Drangs zum moralischen Perfektionismus ist schon ein Weg zur Besserung. Ich kann daher nur empfehlen, darüber nachzudenken, warum wir gewisse Fehle nicht vergessen können. Es geht oft gar nicht um das eigentliche Vorkommnis, sondern um unsere Eitelkeit. Wir müssen einfach vor uns zugeben, dass wir fehlerhaft sind. Das kann lange dauern, ist aber wirklich tröstlich. Andererseits werden Schuldgefühle manchmal auch von der Religion oder Gesellschaft ausgelöst. Es geht dabei um Werte, die akzeptiert sind und zu

Schuldgefühlen führen, wenn sie nicht eingehalten werden. In meiner Tätigkeit als Prokurator war ich oft in China. Die Christen sind dort eine sehr kleine Minderheit. Ich fragte meinen Mitbruder, was denn das seelische Hauptproblem der Chinesen sei. Durch Vorträge und Lektüre war ich zu der Ansicht gelangt, dass sie Schuld eigentlich gar nicht kennen. Es gibt äußere Regeln, die man einhalten muss, aber es wird keine persönliche Rechtfertigung dafür verlangt. Ich nahm also an, dass das Prinzip des Gewissens in China unbekannt sei. Daher war ich mehr als verblüfft, als mein Mitbruder antwortete, das Hauptproblem der Chinesen seien Schuldgefühle.

Sowohl der traditionelle Konfuzianismus wie auch der Kommunismus stellen die Ansprüche der Gesellschaft über die des Einzelnen. In Reden und persönlichen Ansprachen werden die Menschen nahezu täglich beschuldigt, hinter den Anforderungen der Gesellschaft zurückzubleiben. Sie haben aber das System von Kindheit an akzeptiert. Daher fühlen sie sich tatsächlich schuldig, der Gesellschaft nicht das zu geben, worauf sie angeblich Anspruch hat. Für diese Menschen wirkt die Botschaft Jesu von der Vergebung wie eine große Befreiung. Pater Anselm weist in seinen Büchern immer wieder darauf hin, dass Jesus uns vergeben hat und wir selbst uns vergeben können. Kein Wunder, dass seine Bücher in Ostasien so viele Leser finden. Nehmen wir die Liebe wahr, die uns umgibt, dann können wir uns selbst verzeihen.

Wenn ich mich selbst verurteile

ANSELM GRÜN

Sich selbst nicht vergeben zu können, ist etwas anderes, als sich selbst zu verurteilen. Sich selbst zu vergeben zielt auf eine vergangene Schuld oder einen Fehler, den man gemacht hat. Sich zu verurteilen bezieht sich jedoch auf die jetzige Situation: Ich verurteile mich, weil ich das Gefühl habe, ich sei nicht gut (genug). Es gibt viele Gründe, warum sich Menschen verurteilen. Die einen tun es, weil sie zu wenig beten, weil sie nicht fromm genug sind, weil sie ihren Glauben nicht mehr leben. Andere, weil sie sich nicht für andere Menschen engagieren oder weil sie zu sehr um die eigenen Bedürfnisse kreisen. Manche verurteilen sich, wenn sie sich etwas gönnen.

Es kann das Gewissen sein, das uns ständig verurteilt, aber auch das eigene Über-Ich. Es ist nicht so leicht zu entscheiden, um welches von beiden es sich handelt. Das Gewissen verurteilt uns für etwas, was gegen Gottes Willen ist, und wenn wir wirklich schuldig geworden sind. Dann sollten wir unsere Schuld Gott hinhalten und vertrauen, dass er uns nicht verurteilt. Wir sagen zu Gott: So bin ich. Ich mache mir nichts vor. Ich halte dir meine Wahrheit hin. Aber ich vertraue, dass du mich bedingungslos annimmst. Dann kann sich die Selbstverurteilung langsam auflösen.

Das Über-Ich verurteilt uns für Dinge, die durchaus gut für uns wären, jedoch auch für Dinge, die für andere selbstverständlich sind. Das Über-Ich bildet sich durch die Maßstäbe, die die Eltern uns als wesentlich vermittelt haben. Eine Frau erzählte mir, sie sei auf einem Bauernhof aufgewachsen. Immer, wenn sie spielen wollte, sagte ihr die Mutter: »Es gibt Wichtigeres zu tun, als zu spielen oder zu lesen. Kehr den Hof oder schäle die Kartoffel für das Mittagessen.« Sobald die Frau sich etwas gönnt, also wenn sie ein Buch liest oder Musik hört, ist da sofort die Stimme des Über-Ichs, die ihr sagt: »Du solltest eigentlich arbeiten. Es gibt noch so viel im Haushalt zu tun. Du sollst noch diesen oder jenen besuchen.« Die Stimme des Über-Ichs engt immer ein. Eine Hilfe, die Stimme des Gewissens von der des Über-Ichs zu unterscheiden, könnte sein: Ich halte beide Gott hin und frage ihn: Was ist dein Wille? Willst du wirklich, dass ich immer arbeite? Allein, indem ich die Stimme des Über-Ichs vor Gott infrage stelle, wird sie schon leiser und nicht mehr so bestimmend.

Manche verurteilen sich, weil sie das Gefühl haben, dass sie schlechte Menschen sind, die sich nicht beherrschen können. Alkoholiker verurteilen sich, weil sie nicht loskommen vom Alkohol. Arbeitslose verurteilen sich, weil sie es bei der letzten Arbeitsstelle nicht geschafft haben, durchzuhalten. Manche verurteilen sich, weil sie das Gefühl haben, dass sie Sünder sind, oder gar, dass sie gegen den Heiligen Geist gesündigt haben, weil sie Gott gelästert haben.

Wenn mir ein Mensch davon erzählt, dass er sich selbst verurteilt, schaue ich zuerst darauf, wie er dieses Verurteilen auflösen kann. Ein Weg ist, die Ursache für diese Selbstverurteilung in der Kindheit zu suchen, in den strengen Forderungen der Eltern, die sich im Über-Ich verinnerlicht haben. Indem man die Ursachen erkennt, kann man sich von dem verurteilenden Über-Ich distanzieren.

Ein anderer Weg, den ich den Menschen oft empfehle, besteht darin, in die verurteilenden Gedanken das Wort aus dem 1. Johannesbrief hineinzusprechen: »Wenn das Herz uns auch verurteilt – Gott ist größer als unser Herz, und er weiß alles« (1 Johannes 3,20). Ich muss dann nicht mehr darüber nachdenken, ob meine Selbstverurteilung gerechtfertigt ist oder nicht. Ich spreche dieses Wort in meine negativen Gedanken. Dann beruhigt sich allmählich mein Herz. Ich spüre die Liebe Gottes, die mich bedingungslos annimmt. Gott ist größer als mein Herz. Er weiß alles. Er weiß um meine Schuld. Aber er weiß auch um meine Sehnsucht, nach dem Willen Gottes zu leben und Gottes Geist zu entsprechen.

ANSGAR STÜFE

Viele Menschen machen sich Vorwürfe wegen eigener Fehlleistungen. Das ist eigentlich gut so. Wir können uns ja nur bessern, wenn wir unsere Fehler erkennen. Ein Problem entsteht dann, wenn kleinere Fehler zu innerer Verurteilung führen. Solche Menschen haben eine schlechte Meinung von sich selbst. Außenstehende schütteln dann eher den Kopf, wenn sie davon hören.

Ein Beispiel: Bei einer Geburtstagsfeier im Familienkreis kommt es zu einem Konflikt. Dieser Konflikt ist so heftig, dass ein Teil der Verwandtschaft nicht mehr miteinander reden möchte. Nun macht sich die Person, die für die Sitzordnung gesorgt hatte, heftige Vorwürfe. Wenn die Leute anders gesessen hätten, wäre es nicht zu diesem Konflikt gekommen. Sie fühlt sich als die eigentliche Ursache für diesen schlimmen Streit. Jeder Außenstehende wird dieser Person gut zureden und ihr erklären, dass allein die Beteiligten den schlechten Ausgang des Festes verursacht haben. Sie sei daran nun wirklich nicht schuld. Oft hilft aber solches Zureden gar nicht. Die innere Verurteilung bleibt und verursacht eine Störung des Selbstwertgefühls. Damit schwinden Lebensfreude und der Sinn für die Schönheiten des Lebens.

Woher kommt dieser Mechanismus, kleine Fehler so überzubewerten? Wie so oft, wenn die Seele nicht adäquat auf Situationen reagiert, liegt die Ursache in der Kindheit. Ich war ein sehr aufmerksamer Schüler, auch im Religionsunterricht. Als wir uns für die erste Heilige Kommunion vorbereiteten, wurde uns ein Pauluszitat eingeschärft: »Wer also unwürdig von dem Brot isst und aus dem Kelch des Herrn trinkt, macht sich schuldig am Leib und Blut des Herrn« (1 Korinther 12,27). Im Unterricht hieß es sogar: Er wird auf Ewigkeit verdammt. Was bedeutet nun aber unwürdig für ein acht Jahre altes Kind? Wir mussten damals drei Stunden vor der Kommunioneinnahme nüchtern sein. Wer also nur zwei Stunden vor dem Kommunionempfang etwas getrunken oder gegessen hatte, war verdammt und kam in die Hölle. Wir Kinder haben das sehr ernst genommen. Ein Jahr später lutschte ich am Sonntag ein Bonbon. Ich hatte vergessen, dass bald die Heilige Messe begann. Ich starb fast vor Aufregung. Dann sagte mein Vater zu mir, der liebe Gott ist kein Apotheker. So kleine Mengen zählen nicht. Zwar bin ich dann zur Kommunion gegangen, ich hatte dennoch Zweifel, ob mein Vater die Kompetenz hatte, das zu beurteilen.

Solche Grundregeln werden Kindern völlig unsinnigerweise eingeprägt. Das Gewissen richtet sich auf Nebensächlichkeiten und verfehlt die wichtigen Dinge. So hatten damals Katholiken schwere Gewissensnöte wegen der eucharistischen Nüchternheit, fanden aber Steuerhinterziehungen nicht unbedingt ein schlimmes Vergehen.

Paulus hatte die Nüchternheit vor der Kommunion gar nicht gekannt. Er hatte ganz anderes im Sinn, als er diesen Satz schrieb. Zwar kann man davon ausgehen, dass die religiöse Erziehung heute weniger kleinlich ist. Meistens findet sie gar nicht mehr statt. Heute werden den Kindern ganz andere Kleinlichkeiten eingeimpft. Sie werden mit Ängsten vor der Umwelt und der Gesellschaft bombardiert. Das kann eine völlig falsche Einstellung zur Schöpfung zur Folge haben und zu gestörtem sozialen Verhalten führen. Junge Mädchen verurteilen sich, weil sie falsch gegessen haben, Jungen, weil sie Fehler beim Sport gemacht haben. Dabei kommt es darauf an, soziales Verhalten einzuüben. Kinder sollten lernen, mit anderen Menschen zu leben und gemeinsam mit ihnen zu handeln. Es kommt eher nicht auf Einzeltaten an, sondern auf eine Grundhaltung. Menschen, die sich selbst verurteilen, verlieren das Gespür für ihre Mitmenschen. Sie meinen, dass sie vollkommen nutzlos seien.

In einem alten Hollywood-Film von 1946 wird das herzergreifend geschildert. Der Film heißt »Ist das Leben nicht schön?«. Ein Mann wollte die letzte Rate für Kleinsparer zur Bank bringen. Es war ausgerechnet am Heiligen Abend. Da wurde ihm das Geld gestohlen. Er fühlte sich dafür verantwortlich, dass jetzt das Leben vieler kleiner Leute durch seine Nachlässigkeit vernichtet worden wäre. Daraufhin wollte er sich von einer Brücke in den Tod stürzen. Da kam ein Engel und erinnerte ihn an sein bisheriges Leben. Sehr raffiniert berichtet der Film nicht von den vielen guten Taten, sondern was geschehen wäre, wenn er in entscheidenden Momenten nicht gehandelt hätte. Dieses Vor-Augen-Führen seiner Wichtigkeit überzeugt ihn und hält ihn vom Selbstmord ab. Der Film geht dann natürlich gut aus. Der Dieb wird gefunden und alle Menschen können frohe Weihnachten feiern.

Wenn wir uns also mit Selbstverurteilungen lähmen und unnütz finden, müssen wir uns aktiv unsere guten Taten in Erinnerung rufen. Dazu kann auch ein Gespräch mit guten Freunden helfen. Diese Erinnerung gibt Kraft und erhöht das Selbstwertgefühl. Das Leben wird wieder wert, es zu leben. Alle Selbstverurteilung verliert von selbst ihr Gewicht.

Wenn ich vom Grübeln nicht loskomme

ANSELM GRÜN

Ich kenne Menschen, die ständig darüber grübeln, ob das, was sie gesagt haben, richtig war. Sie kommen oft abends nicht zum Schlafen, weil sie sich immer wieder vorhalten: Hätte ich mich doch anders entschieden. Wäre ich doch im Gespräch achtsamer oder freundlicher gewesen. Wäre ich doch nicht so empfindlich gewesen. Hätte ich doch nicht so aggressiv reagiert. Vor lauter »hätte« und »wäre« kommen sie nicht zur Ruhe.

Es gibt aber auch noch eine andere Art des Grübelns. Die Psychologie spricht vom Grübelzwang. Manche kommen einfach nicht von ihren Gedanken los. Sie grübeln und kreisen dabei immer wieder um die gleichen Dinge. Aber sie kommen nicht weiter.

Das deutsche Wort »grübeln« ist mit dem Wort »graben« verwandt: Ich grabe immer wieder, ich stochere und bohre herum. Aber ich komme nie an ein Ziel. Der Grübelzwang hat oft auch mit Kontrollzwang zu tun: Ich möchte alle meine Gedanken kontrollieren. Doch das gelingt nicht. Oft kreist das Grübeln darum, was gut oder nicht gut ist, ob das, was ich getan oder nicht getan habe, gut war, ob meine Gedanken in Ordnung sind oder ob ich gar nicht so denken darf. Die Psychologie sagt, dass der Grübelzwang oft eine Folge von verdrängten aggressiven Impulsen ist. Man traut sich nicht, diese Impulse zu leben. So lebt man sie im Grübelzwang aus. Manchmal ist das auch ein Zeichen, dass man als Kind die eigenen Nachforschungen – für Sigmund Freud sind es vor allem jene in sexueller Hinsicht – aufgegeben hat, weil sie einem verboten worden sind. Doch der Grübelzwang kann unser Denken völlig darin hemmen, vernünftig über uns und unser Leben nachzudenken. Ein richtiger Grübelzwang braucht sicher eine therapeutische Bearbeitung. Aber es gibt auch weniger krankhafte Formen, wenn ich einfach nicht loskomme davon, immer wieder über die gleichen Dinge zu grübeln. Ich gewinne keine neuen Erkenntnisse. Vielmehr drehe ich mich immer im Kreis.

Gegen das Grübeln kann man nicht rein rational angehen, indem man die Gedanken entlarvt oder andere Gedanken dagegenstellt. Denn dann bleibt man auf der gleichen Ebene, die Gedanken gehen weiter im Kreis. Was dagegen helfen kann, ist, sie einmal auszusprechen oder aufzuschreiben. Im Schreiben kommt Bewegung in die Gedanken und sie ordnen sich. Im Schreiben lasse ich alles zu. Ich bewerte nicht, was ich schreibe. Ich lasse einfach alles aus mir heraus, was da im Kopf ständig herumkreist. Dann entdecke ich im Schreiben, worüber ich eigentlich einmal nachdenken möchte und was hinter meinem ständigen Grübeln steht. Genauso befreiend kann ein Gespräch mit einem Therapeuten oder Seelsorger sein. Dabei ist es wichtig, dass kein Gedanke bewertet wird. Alle dürfen sein. Sie haben ihre Bedeutung. Und wir schauen sie uns gemeinsam an.

Wenn das Grübeln sich auf den vergangenen Tag bezieht, dann ist es für mich ein guter Weg, das, was ich getan und gesprochen habe, Gott hinzuhalten. Ich halte meine Hände in Form einer Schale vor mich hin und stelle mir vor: Ich kann den Tag nicht mehr ändern und auch das, was ich gesagt habe, nicht mehr rückgängig machen. Der Tag ist vorbei. Er ist, wie er ist. Ich verzichte darauf, alles zu bewerten. Ich halte alles in Gottes Liebe hinein und vertraue darauf, dass er auch das nicht optimal geführte Gespräch, die nicht optimal verlaufene Begegnung in Segen verwandelt. Dann höre ich auf, weiter zu grübeln, ob alles richtig und gut war. Es ist, wie es ist. Ich vertraue darauf, dass Gott das Vergangene in Segen verwandelt. Dann brauche ich nicht ständig darüber zu grübeln. Ich werde frei und fühle mich in Gottes guten Händen geborgen.

ANSGAR STÜFE

Es gibt Ereignisse, die uns nachhaltig in Erinnerung bleiben. Dazu gehören schöne Erlebnisse wie Hochzeiten und Geburten, aber leider auch Konflikte und Fehlentscheidungen. Ich kenne eine Frau, die vor dreißig Jahren eine enge Freundschaft abbrach. Bis heute grübelt sie, wie es dazu kommen konnte. Zwar glaubt sie fest daran, dass sie selbst keine Schuld trägt, aber es lässt sie nicht los, darüber nachzudenken, wie eine enge Freundschaft zwischen zwei Frauen für immer ein Ende fand. Sie kann ihrer damaligen Freundin bis heute nicht verzeihen. Sie hatte zu dieser Zeit ein kleines Geschäft eröffnet. Da sie sich allein mit allem überfordert fühlte, hatte ihre Freundin versprochen, ihr dabei zu helfen. Nur deshalb hatte sie mit diesem Geschäft überhaupt begonnen. Als es dann so weit war, wollte ihre Freundin davon nichts mehr wissen. Weder zeitlich noch finanziell stand sie ihr bei. So stürzte sie sich allein in das Unternehmen und schaffte es nach vielen Jahren auch, davon zu leben. Eigentlich hätte sie den Versuch unternehmen können, mit der Freundin wieder in Kontakt zu treten. Sie zog es aber vor, darüber zu grübeln. Dieses Grübeln nimmt bis heute kein Ende.

Wer grübelt, ist mit sich allein. So auch bei dieser Frau: Sie diskutiert zwar mit sich selbst und hat daher den Eindruck, dass alle Gesichtspunkte zu ihrem Recht kommen. Das ist aber eine Illusion. Menschen konfrontieren sich nur mit den eigenen Gedanken. Da sie keine Antwort finden, werden die Argumente in einer Endlosschleife wiederholt.

Grübeln kann jedoch nicht nur vergangene Ereignisse erfassen. Menschen neigen auch dazu, über Zukünftiges zu grübeln. Es ist sicher notwendig, Handlungen zu planen. Dazu gehört es, in Gedanken mögliche Entwicklungen vorweg zu hemmen. In unserer Verlagsarbeit müssen wir zum Beispiel darüber nachdenken, wie hoch die Auflage eines neuen Buches sein soll. Ganz genau kann man nie wissen, wie viele Leser es kaufen werden. Auch bei dem bekanntesten Autor kann es passieren, dass ein Werk in der Buchhandlung liegenbleibt. So überlegen wir uns, ob der Titel und das Thema ausreichend viele Menschen ansprechen werden. Es kommt auf das Titelbild an und natürlich auf die Werbung, ob ein Autor Lesereisen unternimmt und Vorträge hält. Wenn alle diese Informationen gesammelt sind, kommen wir zu einem Beschluss, wie viele Exemplare wir drucken lassen. Das Grübeln beginnt, wenn man alle Eventualitäten vorwegnehmen möchte. Könnte nicht ein anderer Verlag ein Buch zum gleichen Thema veröffentlichen? Hat es nicht einmal eine andere Autorin gegeben, die sehr ähnlich geschrieben hat? Ist das vielleicht ein Thema, das uns als Verlag in ein schlechtes Licht rückt? Die

Liste dieser Fragen kann man endlos weiterführen. Was ist dann das Resultat? Es kommt zu keinem Beschluss. Die offenen Fragen erlauben keine Entscheidung. Im ersten Beispiel verhindert das Grübeln die Versöhnung, im zweiten Fall die Entscheidung.

Dem Grübeln liegt der Irrtum zugrunde, dass man jede Entscheidung umfassend begründen könne. Rein intellektuell scheint das möglich zu sein. Sobald aber Emotionen mit ins Spiel kommen, sind Entscheidungen nicht mehr voll kalkulierbar. Das spielt bei Verkäufen und wirtschaftlichen Unternehmen eine große Rolle. Der Kurs der Börse ist so ein Beispiel. Der Preis der Kurse hängt viel mehr von psychologischen Stimmungen ab als von der realen wirtschaftlichen Lage eines Unternehmens. Es gibt solche, die jedes Jahr einen guten Gewinn erzielen und ganz solide wirtschaften. Dann verdächtigt plötzlich ein Journalist die Unternehmensführung, keine echten Zahlen vorzulegen. In der Folge stürzen die Kurse nach unten. Die Anleger sind verunsichert und wollen kein Risiko eingehen. Nach einem Jahr bestätigt eine Wirtschaftsprüfung die Echtheit der Zahlen, und schon steigt wieder der Kurs. Die Kursschwankungen waren also durch keine realen

Probleme entstanden, sondern nur durch Vermutungen und Zweifel, durch Grübeln eben.

Der erste Schritt, vom Grübeln wegzukommen, ist die Einsicht, dass wir nie alle Informationen zu einem Vorgang haben werden. Unser Handeln beruht immer auf einem kleinen Teil von Informationen. Daher machen wir auch so manches falsch. Das ist aber gar kein Problem, solange wir bereit sind, Entscheidungen zu korrigieren. Als Arzt war mir dies sehr wichtig. Immer wieder kam ein Patient mit Anzeichen einer schweren Krankheit zu mir. Es war aber nicht sofort klar, woran genau der Patient litt. Als Arzt muss ich aber mit einer Behandlung beginnen. Ich nahm die Krankheit an, die am wahrscheinlichsten war, und begann dementsprechend eine Behandlung. Nach einiger Zeit kamen dann die Untersuchungsergebnisse, die den Beginn der Behandlung bestätigten oder eine Korrektur erforderten. Nur so kann dem Patienten schnell geholfen werden.

Ich kenne Kollegen, die immer wieder über vergangene Fälle brüten. Sie fragen sich, was sie besser oder anders hätten machen sollen, damit der Patient nicht hätte sterben müssen. Sie hören damit nicht auf, weil sie immer meinen, noch andere Gründe finden zu können. Eine solche Meinung hilft aber nicht, sondern lähmt. Ärzte werden dadurch in ihrem Handeln so gehemmt, dass sie gar nicht mehr arbeiten können.

Grübeln können wir also vermeiden, indem wir uns mit der Unvollständigkeit abfinden. Hören wir auf, nach Vollständigem oder Vollkommenem zu suchen. Das werden wir nie erreichen. Wer es damit sehr schwer hat, sollte sich auf übersichtliche Aufgaben konzentrieren. Da sind es oft wenige Fakten, die man kennen muss. Dann fühlt man sich sicherer. Am besten hilft aber das religiöse Bewusstsein, dass Gott alles zum guten Ende führen wird. Wir müssen nicht alles ergründen. Wir dürfen vieles einer höheren Macht überlassen. Das wirkt sehr entlastend und befreit davon, weiter darüber grübeln zu müssen.

Wenn ich der Vergangenheit nachtrauere

ANSELM GRÜN

Manche denken immerzu an die Vergangenheit, weil damals alles schöner und besser war. Da fühlten sie sich geborgen und getragen. Da waren sie anerkannt. Gerade alte Menschen sind in Gefahr, nur von der Vergangenheit zu schwärmen, anstatt sich auf die Gegenwart einzulassen. Doch wenn ich der Vergangenheit nachtraure, kann ich mich über das, was jetzt ist, nicht wirklich freuen. Das Nachtrauern legt gleichsam einen dunklen Schleier auf alles, was jetzt ist.

Eine andere Art, der Vergangenheit nachzutrauern, bezieht sich auf unsere Lebensentscheidungen: Wir haben unseren Weg selbst geprägt durch die Entscheidungen, die wir getroffen haben. Manch einer macht sich ständig Vorwürfe, dass er sich damals so und nicht anders entschieden hat. Er hat das Gefühl, eine wichtige Chance verpasst zu haben und lässt sich deshalb nicht auf die Gegenwart ein. So aber kann das Jetzt nicht gelingen.

Viele Menschen tun sich heute schwer, sich für einen konkreten Weg zu entscheiden. Sie wollen sich alle Türen offenhalten. Doch dann stehen sie letztlich vor lauter verschlossenen Türen. Ein Beispiel: Eine Studentin, die sehr gute Noten hatte und der deshalb das Studium in vielen Fächern offenstand, hatte sich für Medizin entschieden und gegen das Musikstudium. Als sie nach zwei Jahren für das Physikum viel lernen musste, trauerte sie dem Musikstudium nach. Sie dachte sich: »Hätte ich doch lieber Musik studiert, dann könnte ich jetzt Klavier spielen. Das wäre viel schöner.« Doch mit dieser Art zu denken entziehe ich mir alle Energie. Ich habe keine Lust und auch keine Kraft mehr für das, was ich gerade tue oder tun sollte.

Jede Entscheidung für etwas ist immer auch eine Entscheidung gegen etwas anderes. Und das, wogegen ich mich entscheide, muss ich betrauern, ich muss es verabschieden. Dieses Verabschieden tut weh. Aber ich kann nicht alles gleichzeitig machen. Ich muss mich entscheiden. Nur wenn ich das, wogegen ich mich entschieden habe, betraure, werde ich mich ganz auf das einlassen, wofür ich mich entschieden habe, und dann genügend Kraft in mir finden, es auch durchzuziehen und zu bewältigen.

Ein Wort, das ich solchen Menschen zur Meditation mitgebe, ist die zweite Seligpreisung Jesu: »Selig die Trauernden, denn sie werden getröstet werden« (Matthäus 5,4). Jesus meint damit zunächst Menschen, die um einen toten Menschen trauern, die es also wagen, ihre Gefühle von Schmerz und Traurigkeit zuzulassen. Die Trauer tut weh. Aber sie ist auch eine Fähigkeit, den Abschied von einem lieben Menschen zu verarbeiten und eine neue Beziehung zu dem Verstorbenen aufzubauen.

Mit »Trauernden« sind hier aber auch jene gemeint, die andere Verlusterfahrungen gemacht haben. Die Psychologin Margarete Mitscherlich spricht von der Trauer über den Verlust der Kindheit und der Jugend. Man trauert dem verlorenen Glück der Kindheit nach. Es gibt auch die Trauer über das ungelebte Leben, die manche gerade in der Lebensmitte überkommt. Die Trauer zu erleben, ist die Bedingung dafür, dass sich neue Lebensmöglichkeiten in uns auftun, dass wir mit unseren inneren Ressourcen in Berührung kommen. Wer diese Trauer vermeidet, der verschließt sich immer mehr und stagniert innerlich. Daher ist die Trauerarbeit entscheidend für gelingendes Leben. Margarete Mitscherlich meint, dass diese Arbeit gerade Männern sehr schwerfällt. Sie haben in der Kindheit nicht gelernt zu verzichten, weshalb es für sie schwierig ist, verpasste Lebenschancen oder zerbrochene Lebensträume zu betrauern. Sie haben genügend Ausflüchte parat, stürzen sich in die Arbeit oder bleiben an ihren Illusionen hängen, dass sie alles im Griff haben und dass es eben nach der kurzen Krise erfolgreich weitergehen wird. Doch wer sich weigert, all das Verpasste und Zerbrochene zu betrauern, dem verarmt das eigene Gefühlsleben. Er kann sich nicht in andere hineinfühlen. Und statt das Verlorene zu betrauern, baut er Feindbilder auf: Andere sind schuld, wenn es ihm nicht gutgeht.

Trauern heißt für mich in erster Linie: Abschied nehmen von Illusionen. Ich kenne viele, die todunglücklich sind, weil sie an den Illusionen festhalten, die sie sich über sich selbst und über ihre Zukunft gemacht hat. Sie glauben weiterhin, dass sie die größten und schönsten und intelligentesten Menschen sind, auch wenn sie spüren, dass das nicht stimmt. Sie klammern sich an die Illusion, dass alles glattgeht, dass sie immer Erfolg haben werden und den Traumberuf und die Traumpartnerin. Sie weigern sich, sich mit ihrer Durchschnittlichkeit anzunehmen, und müssen immer etwas Besonderes sein. Betrauern bedeutet aber, meine eigene Durchschnittlichkeit anzunehmen. Ich muss Abschied nehmen von den Illusionen und von den maßlosen Bildern, die ich mir selbst übergestülpt habe. Das tut weh. Aber es bedeutet nicht Resignation, sondern Ja zu sagen zu mir, so, wie ich bin.

Dann – so sagt Jesus – werde ich getröstet. Dann finde ich selbst Boden unter den Füßen. Ich kann zu mir stehen, bekomme Stehvermögen und kann das durchhalten, was sich mir an Schwierigkeiten in den Weg stellt. Das Betrauern ist für Jesus die Bedingung dafür, glücklich zu werden. Das klingt paradox. Aber nur wenn ich bereit bin, Abschied von Illusionen zu nehmen, kann ich Ja sagen zu mir und zu meinem Leben, so, wie es ist. Dieses Jasagen führt dazu, dass ich einverstanden bin mit mir und meinem Leben, dass ich in Einklang komme, dass ich glücklich werde.

ANSGAR STÜFE

Kürzlich fiel mir ein Foto in die Hände, auf dem ich dreißig Jahre jünger war als jetzt. Das Bild überraschte mich völlig. Wie jung ich damals aussah! Die Haare waren dunkel und voll, keine Falten prägten das Gesicht und nicht ein Gramm war das Körpergewicht zu hoch. Es durchfuhr mich mit schmerzlichen Gedanken, dass es jetzt so ganz anders ist. Seit Jahren kämpfe ich mit dem Übergewicht, die Gelenke tun hier und dort weh, keine junge Frau dreht sich mehr nach mir um. Auch als Mönch hat mir das damals gefallen. Ein Gedanke beherrschte mich: Niemals mehr werde ich einen solchen Zustand erleben. Nie mehr werde ich gutaussehend und so gesund sein.

Viele Menschen leben gar nicht in der Gegenwart. Sie denken nur noch an eine Zeit, die schon lange zurückliegt, und trauern darum. Natürlich gehört es dazu, solche Erinnerungen als schmerzlich zu empfinden. Aber wir sollten unsere Erinnerung nicht nur auf die Sonnenseite der Vergangenheit richten. Die Zeit der Jugend war eine Zeit großer Unsicherheit – kann ich meiner Aufgabe gerecht werden? Werde ich einmal scheitern? Das waren die dominierenden Fragen. Die Unsicherheit richtete sich damals in die Zukunft. Das war oft bedrohlicher, als sich an die angeblich guten alten Zeiten zu erinnern.

Letztlich sah ich auf dem Bild auch nur das Äußere. Dabei hängt unser Selbstwertgefühl davon gar nicht ab. Es kommt auf unsere innere Stimmung an, die davon abhängt, ob ich von der Umgebung, in der ich mich befinde, angenommen werde. Darum müssen wir uns in jedem Lebensabschnitt neu bemühen.

Viele Menschen sehen aber nicht nur die eigene Vergangenheit als Beurteilungsmaßstab, sondern erkennen in der Entwicklung der Gesellschaft seit »damals« nur noch eine Katastrophe. Das ist kein neues Phänomen. Schon die Aufklärung im 18. Jahrhundert neigte zu einer Verklärung der Vergangenheit. Wenn man nur zurück in den Urzustand gelangen könnte, wäre alles wieder gut, so die Überzeugung dieser Zeit. Später gründete Marx seine kommunistische Ideologie auf dieser Idee der Rückkehr zum Paradies. Die Staaten, die auf seiner Ideologie fußen, haben gezeigt, wie das Paradies auf Erden dann aussehen würde. Es ist höchst gefährlich, eigene Sehnsüchte auf die Menschheit zu übertragen. Das gilt natürlich auch für den religiösen Bereich. Früher haben die Leute gebetet und sind zur Kirche gegangen. Kirchliches Leben war noch prägender Teil des Lebens von jedermann. Heute sterben Klöster, sehr wenige Frauen und Männer entschließen sich zu einem monastischen Leben. Eigentlich wissen wir zurzeit überhaupt nicht, wie es mit unseren Kirchen weitergehen soll. Früher waren sie ein Bollwerk der Sicherheit und der Orientierung, heute wackeln selbst die Geländer, an denen man sich festhalten soll.

Kürzlich hatten wir im Kloster eine Diskussion. Ein Mitbruder behauptete, die Mönche der vorhergehenden Generation seien viel bessere Menschen gewesen als die Menschen heute. Nun kannten wir sie alle noch. Daher erhoben wir alle Protest. Ich sagte, wenn ich so werden würde wie ein genannter Pater, möchte ich lieber den Ruf haben, kein so guter Mönch zu sein wie dieser.

Oft werden wir nur an Ausschnitte der Vergangenheit erinnert. Wir trauern Dingen nach, die vielleicht wirklich besser waren. Dabei vergessen wir, dass anderes oft viel schlechter war als heutzutage. Kardinal

Marx sagte das einmal sehr treffend: »In den 1930er-Jahren war der Kirchenbesuch am höchsten in der Geschichte der deutschen Kirche. In derselben Zeit aber entwickelte sich der Nationalsozialismus.« Kirche lebte damals nämlich in einem geistigen Ghetto und bildete eine Parallelgesellschaft.

Wir müssen uns also daran erinnern, wie die Zeiten früher wirklich waren, und nicht nur Ausschnitten nachtrauern, die vielleicht besser waren.

Neben dieser aktiven Erinnerung ist noch etwas anderes sehr wichtig: Wir müssen die Gegenwart intensiver wahrnehmen. Unsere Gesamtsituation ist so viel sicherer geworden, dass wir es gar nicht mehr bemerken. Diese äußere Sicherheit vor Krieg und Gewalt eröffnet uns große Chancen, über die Tiefen unseres Lebens mehr nachzudenken und zu meditieren. Die Ausgangsbeschränkungen der Corona-Virus-Epidemie legte uns eine Besinnungsphase auf. Mir fiel wieder ein, wie sehr ich früher die autofreien Sonntage genossen hatte. Wenn wir aber nur in der Vergangenheit leben, können wir das Glück des Augenblicks nicht mehr wahrnehmen. Schließen wir unser Herz also auf für das Gegenwärtige und erkennen wir das Gute, das uns täglich umgibt.

Wenn ich mich übersehen fühle

ANSELM GRÜN

Viele Menschen leiden darunter, dass sie zu wenig gesehen werden. Oft hat dieses Leiden seine Ursache in der Kindheit. Sie haben den Eindruck, dass sie damals von Vater oder Mutter zu wenig beachtet wurden. Vielleicht standen die übrigen Geschwister mehr im Mittelpunkt oder die Eltern waren so beschäftigt mit ihrem Beruf und den alltäglichen Aufgaben, dass sie keinen Blick für das Kind hatten. Sie sahen gar nicht, wie es ihm ging.

Die Schweizer Psychotherapeutin Julia Oncken hat sich speziell mit diesem Übersehenwerden von Töchtern beschäftigt und meint, die Sehnsucht der Tochter sei, vom Vater gesehen zu werden. Andernfalls reagiert sie darauf entweder als »Gefalltochter«, als »Leistungstochter« oder als »Widerspruchstochter«. Dieses Verhalten setzt sich häufig fort, wenn sie erwachsen ist.

Dann versucht sie, den Menschen zu gefallen, indem sie sich schön oder beliebt macht und allen anpasst. Oder sie versucht, möglichst viel zu leisten, um beachtet zu werden. Als dritte Möglichkeit wird sie immer widersprechen, das Gegenteil von dem tun, was die anderen für richtig halten. Sie muss durch ihren Widerspruch auffallen, damit sie endlich gesehen wird. Aber dann lebt sie nicht wirklich selbst. Sie spielt eine Rolle, um gesehen zu werden, doch sie findet nicht zu ihrer eigenen Identität.

Männer haben allerdings auch oft das Gefühl, dass sie zu wenig gesehen werden. Sie stehen unter dem Druck, sich ständig darstellen zu müssen, von ihren Leistungen oder von besonderen Erlebnissen zu erzählen, um sich interessant zu machen. Wenn Männer nur mit Frauen zusammen sind, verhalten sie sich oft wie der Hahn im Korb: Sie müssen im Mittelpunkt stehen und von allen bewundert werden. Doch all diese Verhaltensweisen stillen nicht die tiefe Sehnsucht, von anderen wirklich als diese einmalige Person, die er ist, gesehen zu werden.

Wer sich als Kind nicht genügend gesehen gefühlt hat, der wird auch als Erwachsener immer wieder das

Gefühl haben, übersehen zu werden: von seinem Ehepartner, vom Chef, von den Mitarbeitern, von den Mitgliedern der Gemeinde. Diese Menschen tun viel, um gesehen zu werden. Aber ihre Sehnsucht wird nie erfüllt. Auch wenn noch so viele sie beklatschen, werden sie sich einsam fühlen, sobald sie allein sind. Dann leiden sie daran, dass jetzt keiner da ist, der sie sieht.

Die Bibel spricht oft davon, dass Gott das Elend der Menschen sieht, dass er vom Himmel herab auf die Menschen sieht. Für Hagar, die ägyptische Magd Abrahams, ist das die entscheidende Gotteserfahrung. Sie war vor der harten Behandlung ihrer Herrin Sarai in die Wüste geflohen. Doch der Engel des Herrn findet sie dort an einer Quelle und spricht sie an. Er verheißt ihr, dass sie einen Sohn gebären wird, aus dem ein großes Volk hervorgehen wird: »Da nannte sie den Herrn, der zu ihr gesprochen hatte: El-Roi (Gott, der nach mir schaut). Sie sagte nämlich: Habe ich hier nicht nach dem geschaut, der nach mir schaut? Darum nannte sie den Brunnen Beer-Lahai-Roi (Brunnen des Lebendigen, der nach mir schaut)« (Genesis 16,13 f). Diese Erfahrung, dass Gott nach ihr schaut, dass Gott sie sieht, gibt Hagar neuen Mut. Sie geht zurück zu Abraham und gebiert ihren Sohn Ismael.

Der Evangelist Markus erzählt uns ebenfalls die Geschichte einer Frau, die nicht gesehen wurde. Dabei hatte sie dafür ihre ganze Kraft eingesetzt. Aber sie wurde immer schwächer. Es ist die Geschichte von der blutflüssigen Frau. Sie hatte ihr ganzes Blut, ihre Lebenskraft verloren, hatte alles gegeben, um gesehen zu werden. Sogar ihr Vermögen hatte sie den Ärzten gegeben, nur damit sie von ihnen gesehen wird. Als sie zu Jesus kommt, hat sie nichts mehr, was sie ihm geben kann. Sie nimmt sich den Zipfel seines Gewandes. Da hört ihr Blutfluss auf. Doch Jesus merkt, dass von ihm eine Kraft ausgegangen ist. Er fragt nach. Da bekennt sie vor Jesus ihre ganze Not. Jetzt wird sie von ihm wirklich gesehen. Er spricht sie an: »Meine Tochter, dein Glaube hat dir geholfen. Geh in Frieden! Du sollst von deinem Leiden geheilt sein« (Markus 5,34).

Manche meinen, nur wenn sie viel geben, wenn sie viel leisten, werden sie gesehen, bekommen sie Anerkennung. Doch ein Therapeut zitierte oft den Satz: »Wer viel gibt, der braucht auch viel.« Daher haben viele Menschen, die unter dieser Not leiden, immer das Gefühl, zu kurz zu kommen. Nur wenn ich etwas genommen habe, wenn ich immer wieder die Liebe Gottes empfange, kann ich geben, ohne mich zu verausgaben.

Eine Frau erzählte mir: »Alle halten mich für eine starke Frau. Sie kommen zu mir, um sich von mir Hilfe bei ihren Problemen zu holen. Aber wenn es mir nicht gutgeht, habe ich niemanden, der mir hilft.« Ich fragte sie: »Traust du dich denn, dir etwas zu nehmen? Traust du dich, jemanden zu fragen, ob er Zeit für dich hat?« Da musste sie zugeben, dass sie sich damit schwertut.

Wir meinen, wir würden nur dann gesehen, wenn wir etwas leisten. Doch dann sieht man nur die Leistung, aber nicht uns selbst. Wenn wir jedoch den Mut haben, uns die Zuwendung und Hilfe zu nehmen, die wir brauchen, dann werden wir wirklich als Person gesehen. Dann lässt sich jemand auf uns ganz persönlich ein. Und dann trauen wir uns auch, uns selbst zu sehen. Manche übersehen sich selbst, indem sie immer nur für andere da sind. Beides ist wichtig: sich selbst nicht zu übersehen und den Mut zu finden, sich vom anderen das zu nehmen, was man braucht. Dann kann man auch selbst geben, ohne sich zu verausgaben.

ANSGAR STÜFE

Als Arzt arbeitete ich 16 Jahre lang in Tansania, Ostafrika. Damals waren die Gesamtentwicklung und der Lebensstandard der Menschen noch viel niedriger als heute. Daher begannen wir ein Basisgesundheitsprogramm. Ich hatte einen hervorragenden Projektleiter, der es kreativ und kompetent aufbaute. Bei Vorträgen und wichtigen Zeremonien musste ich jedoch dabei sein. Dann gab es jedes Mal Reis mit Huhn. Als Ehrengast wurde mir der Hühnermagen zugeteilt. Das ist ein besonderes Ehrenzeichen in der dortigen Gegend. Mir wurden auch sonst alle möglichen Ehren zuteil, damit mich auch jeder wahrnahm und niemand übersehen konnte, wie wichtig ich war. Mir war das langsam lästig, weil ich es unzählige Male wiederholen musste. Dabei verlor ich das Gefühl dafür, dass andere Menschen kaum Beachtung fanden, aber sehr darauf angewiesen waren.

Einige aus dem Dorf hatten sich bereiterklärt, Unterricht zu nehmen und ihren Mitbürgern die Ursachen von Krankheiten nahezubringen. Diese Freiwilligen waren und sind das Rückgrat dieses Programms. Unser

Programmleiter wusste natürlich besser als ich, wie wichtig es ist, jeden Einzelnen wertzuschätzen und wahrzunehmen. Daher bekam jeder nach Abschluss dieser Ausbildung eine Urkunde. Einmal wurde ein Name vergessen und so stand nach dem Verteilen der Urkunden eine Frau ohne eine solche da. Ich sagte natürlich, dass die Urkunde nachgereicht würde, aber sie war völlig schockiert. Sie weinte, verließ die Zeremonie und ging nach Hause. Sie fühlte sich übersehen und damit entwertet.

Im Zusammenleben kommt es darauf an, dass wir unsere Mitmenschen wahrnehmen. Verantwortliche müssen das sehr ernst nehmen und nicht wie ich als Nebensache betrachten. So können viele Verletzungen vermieden werden. In der Familie kommt es schon bei der Kindererziehung darauf an, die kleinen Erfolge des Kindes zu würdigen. Gerade in der Zeit der Pubertät braucht man viel Geduld. Die von Selbstzweifeln geplagten jungen Menschen fühlen sich nahezu permanent übersehen.

Wir geht es aber uns selbst, wenn wir uns übersehen fühlen? Wir müssen lernen, unseren Eigenwert zu erkennen, der nicht davon abhängt, dass wir von außen gewürdigt werden. Dazu gehört der wunderbare Gedanke von Christus als Bruder. Jede Frau ist somit eine Schwester und jeder Mann ein Bruder. Keine andere Religion schenkt so viel Würde durch die Verwandtschaft mit Gott. Im Innehalten können wir darüber nachdenken, dass wir eine einmalige Würde haben. Tatsächlich haben wir nach christlicher Lehre göttliche Spuren in uns selbst. Wir sollten uns auf diese Spurensuche begeben. Dann gewinnen wir Kraft, eigene Werteinschätzung zu lernen.

Wenn wir diese innere Einstellung haben, können wir auch mit Humor auf Situationen reagieren, in denen wir übersehen werden. Als Assistenzarzt nahm ich oft an Fortbildungsveranstaltungen der Universität teil. Der dortige Chefarzt sprach immer nur mit unserem Chef und übersah uns kleine Assistenten stets. Ich nahm auch an, dass er uns gar nicht kannte. Nach meinem Abschluss in der Klinik war ich auch bei der Einweihungsfeier eines Instituts dabei. Da unser Abt eingeladen war, kam auch ich im Mönchshabit. Der besagte Professor war ebenfalls mit dabei. Sofort ging er auf unseren Abt zu, begrüßte ihn herzlich und dazu auch mich und nannte mich sogar mit meinem Namen. Da war ich doch verblüfft. Innerlich sagte ich ihm: »Was bist du doch für ein eingebildeter Depp! Die ganze Zeit hast du mich gekannt, ich war dir aber nicht wichtig. Jetzt, mit neuem Status, bin ich dir plötzlich wichtig geworden!«

Ich war immer noch derselbe. Wir töricht wäre es gewesen, ich hätte mein Selbstwertgefühl aus dieser Anerkennung bezogen. Wir sollten also nicht davon leben, ob oder wie wir gesehen werden, sondern davon, was wir tatsächlich wert sind. Jeder Mensch hat einen unendlich hohen Wert allein dadurch, dass es ihn gibt. Diesen Gedanken sollten wir immer mobilisieren, wenn wir uns übersehen fühlen.

Wenn ich empfindlich reagiere

ANSELM GRÜN

Manch einer ärgert sich darüber, dass er sich bei jedem kritischen Wort verletzt fühlt. Er zieht sich dann in sich zurück und ist unfähig, zu antworten. Oder er fängt gleich an zu weinen. Manche haben deshalb Angst, sich in einer Gruppe zu äußern, weil sie kritisiert werden könnten und darauf empfindlich reagieren. Wir reagieren dann empfindlich, wenn jemand unsere empfindliche Stelle trifft. Jeder von uns hat eine solche »Achillesferse«. Ein Beispiel: Eine Frau litt daran, dass sie unverheiratet war. Wenn jemand sie darauf ansprach, reagierte sie empfindlich. Der andere traf damit ihre wunde Stelle. Oder: Ein Mann hatte das Gefühl, dass er nicht gut genug war, dass seine Leistung nicht genügte, dass er aber auch als Person den Ansprüchen eines reifen Menschen nicht genügte.

Wenn er kritisiert wurde, reagierte er empfindlich, denn dabei wurde seine Wunden berührt.

Auch die Empfindlichkeit hängt oft mit Verletzungen in der Kindheit zusammen. Jeder sehnt sich danach, bedingungslos angenommen zu werden. Doch häufig erleben Kinder, dass sie von den Eltern nur geliebt werden, wenn sie brav und pflegeleicht sind. Wenn diese sie dann häufig kritisieren, fühlen sie sich unsicher. Sie erleben die Kritik als Ablehnung, womit niemand wirklich gut leben kann. Wer sich abgelehnt fühlt, kann kein Selbstvertrauen entwickeln. Und dieses mangelnde Selbstvertrauen ist dann der Grund, warum er als Erwachsener empfindlich reagiert.

Viele ärgern sich darüber oder sind enttäuscht über sich selbst. Aber gegen die empfindliche Reaktion kann man sich kaum wehren. Ich kann dann nur in mich hineinhorchen und mich fragen: Ist dieses kritische Wort wirklich so schlimm? Lehnt der andere mich wirklich ab? Oder wagt er es, mir etwas zu sagen, weil er mich eigentlich gernhat? Ich kann mich auch fragen: Muss ich mich wirklich so verhalten, dass alle mich mögen? Sagt der andere mit seinen Worten etwas über mich aus oder über sich selbst? Ist er mit sich selbst unzufrieden, dass er an mir herumnörgeln muss?

Ich kann also meine empfindliche Reaktion beobachten, mich in sie hineinfühlen und sie dann relativieren. Und ich kann sie zum Anlass nehmen, mich mit meiner Empfindlichkeit anzunehmen: Ja, so bin ich. Ich bin empfindlich. Ich lebe mit diesen Wunden, die leicht aufbrechen, wenn jemand sie mit seinen Worten berührt. Wenn ich empfindlich bin, bin ich auch empfindsam. Ich kann mich gut in andere Menschen einfühlen. Und ich kann meine empfindliche Reaktion als Herausforderung nehmen, mein Selbstwertgefühl zu stärken. Ich stelle mir vor: Ich stehe da wie ein Baum, fest verwurzelt. Die Kritik ist wie der Wind, der den Baum schüttelt. Aber er bleibt stehen. Wenn der Wind ihn schüttelt, wird er sogar seine Wurzeln noch tiefer in die Erde graben.

Ich kann in meine Empfindlichkeit auch das Psalmwort hineinsprechen: »Ich habe den Herrn beständig vor Augen. Er steht mir zur Rechten, ich wanke nicht« (Psalm 16,8). Ich schaue nicht auf meine empfindliche Reaktion, auf meine Unsicherheit. Vielmehr richte ich meinen Blick auf Gott. Ich stehe nicht allein da. Ich bin dem Kreuzfeuer der Kritik nicht ausgesetzt. Gott steht zu meiner Rechten. Wenn ich mir das bewusst mache, werde ich nicht wanken. Dann bleibe ich stehen, auch wenn jemand mich mit kritischen Worten überschüttet. Ich stelle mir vor, dass mich nichts zum Wanken bringt. Ich habe in Gott einen festen Stand. Und dieser Stand wird auch von meiner Empfindlichkeit nicht gefährdet.

ANSGAR STÜFE

Es gibt Tage, an denen kleine Ereignisse und Widrigkeiten große Emotionen auslösen. Wir hatten einmal einen älteren Bruder, der die Sakristei verwaltete. Hier werden liturgische Gewänder und Geräte aufbewahrt. Der Sakristan muss diese Dinge richten und auch die Altäre in der Kirche vorbereiten. Unser damaliger Sakristan war bekannt dafür, dass er schon auf geringen Druck massiv reagierte. Ich sollte einen Gottesdienst im kleinen Rahmen außerhalb des Klosters organisieren. Dazu brauchten wir einige Gerätschaften aus der Sakristei. In der Regel gibt es dafür fertige Koffer, in denen alles schon beieinander ist. Nun bin ich kein Fachmann und war bis dahin auch noch nie mit solchen Vorbereitungen befasst. Ich brauchte also Rat und wusste, dass unser Bruder nicht leicht anzusprechen war. Ich ging also zu ihm und fragte in aller Unschuld, was ich den tun solle. Die Geräte würden auch noch nicht heute benötigt, sondern erst in ein paar Tagen. Dadurch wollte ich den unmittelbaren Druck aus der Situation nehmen. Doch alles nutzte nichts. Auf meine Frage hin bekam der Mitbruder einen roten Kopf und begann laut zu schimpfen. Ausgerechnet jetzt, wo er die meiste Arbeit habe, komme ich daher. Wie solle er denn mit seiner Arbeit zurechtkommen? Ständig würde er von Leuten gestört, die keine Ahnung hatten, wie sehr er mit Arbeit überlastet sei. Er breche beinahe darunter zusammen, aber es kümmere niemanden. Ganz erschrocken zog ich von dannen. Ich wollte ja eigentlich nicht einmal einen Dienst von ihm, sondern nur eine Auskunft. Auch das war schon zu viel.

Dieses eher klösterliche Beispiel könnte auch in einem anderen beruflichen Rahmen vorfallen. Was steckt eigentlich dahinter? Eine Bemerkung des Bruders weist darauf hin: »Es kümmert sich ja keiner um mich.« Wenn wir überreagieren, ist es oft ein Impuls oder ein Signal an den anderen, dass dahinter etwas ganz anderes steht. Viele fühlen sich alleingelassen. Sie rufen nach Hilfe und bekommen keine. Dabei gefallen ihnen die eigenen Reaktionen überhaupt nicht. Wenn Menschen überempfindlich reagieren, werden sie von unbewussten Impulsen geleitet. Der Mitbruder mochte mich zum Beispiel eigentlich ganz gern. Später kam er zu mir, entschuldigte sich und ich bekam dann doch meine Auskunft.

Wie sollen wir damit umgehen, wenn in uns selbst solche Reaktionen auftauchen? Eine wichtige Sache ist, sich später zu entschuldigen. Wir sollten dann aber nachforschen, was uns so empfindlich macht an dieser Stelle. Fühlen wir uns grundsätzlich missachtet? Haben wir den falschen Beruf? Sind wir ständig überfordert? Bei überempfindlichen Reaktionen werden wir auf tieferliegende Probleme aufmerksam gemacht.

Es gibt aber auch Situationen, die rätselhaft bleiben. Beim Gang zwischen Kirche und Speisesaal sprach mich ein Mitbruder an, ob ich einen schlechten Tag gehabt habe. Ich verstand nicht, was er wollte. Dann erklärte er mir, dass er einen Artikel von mir gelesen habe, der so schlecht sei, dass ich ihn an einem Tag geschrieben haben musste, an dem es mir schlecht ging. Ich war so überrascht über diese Aussage, dass ich mich nur geärgert habe. Den ganzen Tag war ich schlechter Laune und schlief in der Nacht auch schlecht. Am nächsten Tag fragte ich mich, warum ich so empfindlich reagiert hatte. Kritik an einem Artikel ist etwas ganz Normales. Wer etwas veröffentlicht, muss immer mit Kritik rechnen. Ich selbst nehme mir das Recht heraus, solche Kritik zu üben, und bin manchmal recht scharf in meinem Urteil. Ich zerbrach mir den Kopf darüber, was mich an der Kritik so getroffen hatte. Allmählich merkte ich, dass dies die falsche Fragestellung war. Es ging nicht um den Inhalt oder die Art und Weise der Kritik, sondern darum, was in mir angesprochen wurde und reagiert hat. So ganz habe ich es noch nicht herausgefunden. Ich möchte mich jetzt beobachten, ob es noch öfter vorkommt und ob dann Übereinstimmungen vorliegen. Ein Gedanke ist mir bereits gekommen: Ich werde älter und meine Fähigkeiten lassen nach. Das löst Ängste in mir aus, ob und was ich eigentlich noch leisten kann. Kritik an meinen

Produkten stellt mich also infrage. Davor habe ich offensichtlich Angst.

Überreaktionen sind also Hinweise auf tiefere Strömungen in unserer Seele. Wir sollten uns täglich auf unsere Lebenssituation einstellen und sie Gott hinhalten. Wir sollten es so auch für uns annehmen. Das gelingt nicht in einer einzigen Meditation, sondern ist ein Prozess. Daher hilft regelmäßige Besinnung, besser damit umzugehen. Wie unser alter Sakristan zeigte, braucht es dazu ein ganzes Mönchsleben lang. Das ist auch der Trost, wenn wir wieder einmal so empfindlich reagiert haben.

Wenn alles grau in grau ist

ANSELM GRÜN

Manche Menschen werden im November melancholisch. Wenn Nebel die Landschaft einhüllt, entspricht das ihrer inneren Stimmung. Da ist alles grau in grau. Man sieht die Konturen nicht, kann kaum den Weg erkennen, auf dem man geht, geschweige denn das Ziel. Das Grau deckt alles zu. Der Grauschleier legt sich über alles. Was uns die graue, in Nebel getauchte Landschaft sagt, ist auch ein Bild für unser Leben – wir erkennen auch hier keine Konturen, keine helle Farbe. Wir fühlen uns niedergedrückt, innerlich leer. Freude hat da keinen Platz. Wir tappen in unserem grauen Alltag herum, ohne dass wir ein Ziel haben, ohne dass wir einen Sinn in unserem Leben erkennen. Wir sind wie zugedeckt. Kein Lichtstrahl erhellt unser Leben. Wir sehen alles düster. Die Aussichten für die Zukunft sind genauso düster wie die Gegenwart.

Manche erleben solche Situationen, wenn in der Partnerschaft grauer Alltag eingekehrt ist. Man lebt aneinander vorbei. Alles ist leere Routine. Die Liebe scheint abhanden gekommen zu sein. Man tappt nur so vor sich hin, weiß aber nicht mehr, wozu. Das gemeinsame Ziel ist nicht mehr sichtbar, ebenso wenig wie der Sinn im Miteinander. Viele streiten dann nicht, aber nehmen den anderen gar nicht richtig wahr. Alles ist in grauen Nebel getaucht, das Miteinander, das Leben, das kommende Jahr, die Zukunft im Allgemeinen.

Ähnliches gilt manchmal auch für die berufliche Arbeit. Man geht in die Firma, arbeitet auch etwas, aber die Begeisterung fehlt, die Lust am eigenen Tun. Es ist alles nur Routine. Morgens sehnt man sich schon nach dem Feierabend. Aber zu Hause erwartet einen auch nur der graue Alltag. Da ist nichts Besonderes, das einen erfreuen könnte. Es gibt immer das Gleiche zum Abendessen. Am Tisch schweigen sich alle an. Und man fragt sich manchmal, welchen Sinn das Ganze hat, traut sich aber nicht, das laut auszusprechen. Viele tappen lieber weiter im grauen Alltag, weil sie sich in diesem tristen Leben eingerichtet und alle großen Pläne und Ideale aufgegeben haben.

Es hat wenig Sinn, einem Menschen, der sein Leben als grau in grau erlebt, aufmunternde Worte zu sagen, zum Beispiel, er solle doch auf das Schöne in seinem Leben schauen. Das klingt schön. Aber es wandelt das Gefühl nicht. Hilfreicher ist es, wenn ich diese triste Stimmung erst einmal annehme. Ich lasse mir erzählen, wie der andere sein Leben gerade empfindet. Und dann frage ich: Was macht dir Spaß? Worüber kannst du dich freuen? Worauf wartest du? Wenn mein Gegenüber keine Antwort weiß, sondern nur jammert, dass alles keinen Sinn habe, dass sich nichts an diesem Grau-in-grau ändert, dann kann ich vielleicht mit Humor seine Stimmung bestätigen und dadurch schon ein wenig verwandeln. Denn wenn ich seine Aussage humorvoll wiederhole, fühlt er sich irgendwie ertappt. Er merkt, dass nicht alles grau in grau ist, sondern dass er einfach eine grau gefärbte Brille aufgesetzt hat und daher alles so negativ sieht.

Ich kann ihm auch einen Hinweis aus der Farbenlehre geben: Grau ist eine Übergangsfarbe. Sie ist offen für andere, für Schwarz und Weiß. Es liegt an mir, ob ich das Grau meines Alltags als Übergang sehe in hellere Farben, oder ob sich mein Grau immer mehr in Richtung Schwarz bewegt, dass ich alles nur noch pessimistisch sehe. Wer mit dem Grau Frieden schließt, der erlebt es nicht mehr als so bedrückend, sondern eher als beruhigend. Der Nebel, der die Landschaft zudeckt, kann durchaus auch Ruhe in uns bewirken. Alles ist eintönig. Aber wenn wir nicht dagegen rebellieren, können wir den Nebel als hilfreich erleben. Er deckt die Konturen zu. Er deckt auch die Probleme zu, unter denen wir leiden. Vielleicht hilft er uns, unser Leben zu ertragen, das eben nicht so rosig ist. Im Nebel zu wandern, hat auch etwas Faszinierendes. Er hüllt mich ein. Das kann ein Bild für Gottes liebende Gegenwart sein, die mich einhüllt, durch die ich hindurchwandere. Der Grauschleier kann ein sanfter Schleier sein, der manches zudeckt, was ich gerade nicht ertragen kann.

Natürlich kann der Nebel mich auch an meine Einsamkeit erinnern. So hat es Hermann Hesse in seinem berühmten Gedicht gesehen: »Seltsam, im Nebel zu wandern! Leben ist Einsamsein. Kein Mensch kennt den andern, Jeder ist allein.« Der Nebel ist ein Bild dafür, dass wir einsam durch die Welt wandern. Es gibt Bereiche, die wir nicht mit anderen teilen können.

Für Hermann Hesse ist der Nebel auch ein Bild für die innere Dunkelheit. Er selbst litt an Depressionen, fühlte sich oft abgeschnitten von den Menschen. Unsere Aufgabe besteht darin, den grauen Nebel in die sanfte Weiße des Nebels zu verwandeln und in der Einsamkeit das Einssein mit allem, was ist, zu erahnen. Dann wird unsere Einsamkeit nicht mehr schmerzlich sein, sondern zu einem Ort der Stille und der Abgeschiedenheit. Für Meister Eckhart ist die Abgeschiedenheit ein Ausdruck tiefer Gotteserfahrung. Wir sind abgeschieden von der Buntheit und vom Lärm des Lebens, um in den Grund unserer Seele zu gelangen und dort inneren Frieden zu finden.

Auch die Mönche haben solche Erfahrungen gekannt und versucht, dieses Gefühl durch Worte der Bibel zu verwandeln. Benedikt empfiehlt in seiner Regel, sich in solchen Situationen den Psalmvers vor Augen zu halten: »Wie ein Lasttier bin ich vor dir und bin doch immer bei dir« (Regel Benedikts 7,50 = Psalm 73,22). Das meint: Ich gebe zu, dass mir momentan mein Leben wie grauer Alltag vorkommt. Aber ich sage Ja dazu. Ich bin wie ein Lasttier. Ich trotte meinen Weg entlang. Aber ich weiß: Ich bin doch immer bei

Gott. Seine Gegenwart umhüllt mich, auch wenn ich sie nicht wahrnehme. Die Kunst ist, den Nebel als die unsichtbare Gegenwart Gottes zu deuten. Dann wird der Nebel nicht mehr alles grau in grau erscheinen lassen, sondern zu einem sanften Schleier der liebenden Gegenwart Gottes werden.

ANSGAR STÜFE

Die ersten Monate des Jahres sind oft regenverhangen. Es wird nicht richtig kalt, aber es regnet geradezu täglich. In den Wintermonaten blühen keine Blumen. Die Bäume haben ihre Blätter vollständig verloren und strecken ihre kahlen Äste in den Himmel. Flüsse und Seen spiegeln die Farbe des Himmels. So erscheint die ganze Landschaft, ja der ganze Tag grau. Das war auch zu Beginn dieses Jahres so. Zwar hatten wir den Regen bitter nötig und in den Zeitungen war zu lesen, dass er immer noch nicht ausreiche, um den Mangel des vergangenen Jahres auszugleichen. Eigentlich war das Wetter also gut für die Natur. Trotzdem legte sich die tagelange graue Atmosphäre auf meine Seele. Ich sah nur noch düster in den Tag und verlor auch die Fähigkeit, optimistisch in die Zukunft zu sehen. Natürlich wusste ich, dass irgendwann einmal die Sonne wieder scheinen wird. Aber dieser Gedanke half mir gar nicht. Denn jetzt, an diesem Tag und auch in den kommenden, blieb es grau und trüb.

Es gibt viele Menschen, denen das Wetter gar nicht auffällt. Sie gehen in der Arbeit und in ihrer Freizeit auf, ohne sich viel darum zu kümmern, wie es draußen aussieht.

Diese trübe Wetterlage ist aber fast allen Menschen bekannt. Daher kommt auch der Ausdruck »grau in grau« für eine düstere Stimmung. Davon haben schon die alten Mönchsväter berichtet und davor gewarnt. Wenn negative Stimmungen unsere Seele beherrschen, verlieren wir unsere Gestaltungskraft und unser Wahrnehmungsvermögen. Wir sehen dann keine Farben mehr, auch wenn sie überall leuchten. Die Augen unserer Seele schauen durch einen Graufilter, der alles gleich düster aussehen lässt. Das beginnt im menschlichen Miteinander. Der freundliche Gruß wird nicht erwidert oder schon gar nicht mehr wahrgenommen. Ein Lob wird ignoriert, eine Kritik nur als Bestätigung des Gesamturteils gesehen. Durch solch selektive Wahrnehmung wird die Graustimmung verstärkt und bestätigt, man gerät in einen Teufelskreis: Jeder Tag wird noch dunkler empfunden als der Vortag.

Bei solchen Stimmungen geht es nicht um eine echte Depression. Oft ist eine Grundhaltung die Ursache dieser dunklen Emotionen. Ausgerechnet religiöse Menschen neigen zu solchen Haltungen. Sie sehen die Welt im Widerspruch zu Gott. Der Glaube sei verdunstet, heißt es da. Die Menschen glaubten nicht mehr an Gott und die Kirche. Daher sei diese Gesellschaft zum Untergang verurteilt. Wenn man eine solche Grundhaltung hat, können auch positive Entwicklungen nicht mehr wahrgenommen werden. Im Kloster sind es oft Entwicklungen in der Gemeinschaft, die als negativ empfunden werden. Da wird jedes Mal, wenn der Abt außer Haus ist, kritisiert, dass er sich nicht mehr um die Gemeinschaft kümmere. Wenn der Abt einer Angelegenheit nachdrücklich nachgeht, wird gemeckert, dass er seine persönlichen Neigungen der Gemeinschaft aufdrücken möchte. Auffallend ist, dass außer Kritik keine positiven, zur Besserung führenden Vorschläge gemacht werden. Denn das habe dann doch keinen Zweck mehr, ist das Argument. Solche Grundhaltungen sind eine große Belastung.

Im normalen Leben kommen düstere Tage nur ab und zu vor. Dann ist es wichtig, darauf zu vertrauen, dass sie vorübergehen. Wie die sonnigen Tage immer wiederkommen, so verschwinden auch die grauen Stimmungen wieder. An solchen grauen Tagen dürfen wir keine Entscheidungen treffen, die unserem Leben Richtung geben. Wir laufen sonst Gefahr, falsche Wege zu gehen. Der tröstlichste Aspekt in diesen Lebenslagen ist das Vertrauen: Wir müssen darauf vertrauen, dass Gott es doch gut mit uns meint. Wir sollten auch zugeben, dass wir oft gar nicht wissen, warum wir in einer solchen Stimmung sind. Wenn wir das tun, machen wir nicht andere Faktoren dafür verantwortlich. Es geht also darum, durchzuhalten und darauf zu vertrauen, dass die dunklen Wolken weichen. Dazu müssen wir gar nicht viel tun. Wir sollten eher vom Tun und Urteilen ablassen und innerlich zugeben, dass wir das Licht von außen brauchen. Dieses Licht wird kommen, wenn wir darauf vertrauen.

Wenn schlechte Laune nicht vergeht

ANSELM GRÜN

Das deutsche Wort »Laune« kommt vom lateinischen *luna*, »Mond«. Die Alten waren überzeugt, dass der Wechsel der Mondphasen unsere Stimmungen bewirkt. Ob das so stimmt, können wir nicht nachprüfen. Offensichtlich soll damit etwas erklärt werden, was sich unserer klaren Einsicht entzieht.

Wir wissen oft gar nicht, warum wir schlecht gelaunt sind. Da sagt jemand: »Ich bin heute mit dem linken Fuß aufgestanden.« Das ist gar nicht so abwegig. Denn oft hängt die Laune, die wir am Morgen haben, von den Träumen in der Nacht ab. Auch wenn wir uns gar nicht an sie erinnern, haben sie doch Einfluss auf unsere Stimmung. Wir haben irgendetwas geträumt, was uns traurig oder ärgerlich stimmt. Vielleicht, dass wir zu spät zu einem Termin kamen oder dass wir verfolgt wurden oder unser Auto nicht gefunden haben. Es wäre unsere Aufgabe, diese Träume zu verstehen und darauf zu antworten. Aber oft machen wir uns diese Mühe nicht. So prägen die Träume unsere Laune, ohne dass wir wissen, warum.

Natürlich gibt es andere Gründe, warum wir schlecht gelaunt sind: Wenn uns jemand bei der Arbeit kritisiert hat oder uns vor den anderen lächerlich gemacht hat, dann gehen wir mit schlechter Laune nach Hause. Wenn die Kinder miteinander streiten, verstärkt sich das noch. Wir haben den Eindruck, dass wir die schlechte Laune an diesem Tag nicht mehr loswerden. Manchmal setzt sich diese über Tage fort. Wir werden sie insgesamt nicht mehr los. Manchmal wechselt unsere Laune auch schlagartig: Wir gehen gut gelaunt in den Tag. Doch dann schlägt die Stimmung um. Wir wissen gar nicht, woher die schlechte Laune auf einmal kommt.

Es gibt Evolutionsforscher, die meinen, es sei gar nicht so schlecht, wenn wir manchmal schlechte Laune haben. Denn wer gut gelaunt ist, der schaut sich die Wirklichkeit nicht so genau an. Er geht gerne über negative Sachverhalte hinweg und nimmt sie nicht so ernst. Wer schlecht gelaunt ist, der sieht sich die Dinge genauer an und ist vorsichtiger. Die Forscher meinen, die schlechte Laune hätte in der Geschichte der Evolution die Menschen vor äußeren Gefahren bewahrt. Aber diese Einsicht hilft uns heute nicht weiter. Wenn wir schlecht gelaunt sind, fühlen wir uns nicht gut. Und wir schauen uns die Dinge nicht unbedingt genauer an. Vielmehr sehen wir dann alles negativ und sind für gute Nachrichten nicht empfänglich.

Aber was soll uns trösten, wenn wir schlecht gelaunt sind? Es kann helfen, wenn wir uns einen lustigen Film anschauen oder wenn jemand einen Witz erzählt. Allerdings kann es auch sein, dass uns beides noch aggressiver macht, weil es gerade nicht in unsere schlechte Laune passt. Und wir wollen uns diese nicht so schnell nehmen lassen. Manchmal baden wir richtig darin. Thomas von Aquin, der große Theologe des Mittelalters, hat für die schlechte Laune keine frommen Worte als Trost angeboten. Er meint vielmehr, dass so etwas Weltliches wie ein warmes Bad oder das Schwimmen in einem See die schlechte Laune vertreiben kann. Es ist interessant, wie Thomas die tröstende Wirkung des Bades begründet: »Weil durch solche Heilmittel (das Bad) die Natur in den rechten Zustand zurückversetzt wird, verursachen sie überdies Lust. Denn das gerade ist es, was Lust weckt. Da nun jede Lust die Trauer mildert, wird also auch durch diese körperlichen Heilmittel die Trauer gemildert« (Thomas Summa theologica 38,5). Im Bad kommen wir in Berührung mit dem paradiesischen Zustand vor unserer Geburt. Da fühlen wir uns geborgen und glücklich. Das vertreibt die schlechte Laune.

Neben diesen natürlichen Trostmitteln kann uns auch ein Psalmwort helfen, die schlechte Laune zu vertreiben. Denn so ein Wort aus der Bibel hindert uns daran, diese Laune weiter zu zelebrieren. Es zeigt uns einen Weg, von ihr Abstand zu nehmen und darauf zu hoffen, dass die Meditation uns aus dem Kreisen um uns selbst herausreißt. Wenn ich als Cellerar schlechter Laune war, weil es so viele Konflikte auf einmal gab, hat mir folgender Vers häufig geholfen: »Gott trägt uns, er ist unsre Hilfe« (Psalm 68,20). Dann habe ich mir vorgestellt, dass Gott uns alle, die wir uns gegenseitig Probleme machen, hält. Das relativiert die Probleme und verwandelt meine schlechte Laune. Ich kann dann mit Humor auf die Situation schauen. Gott hat auch Humor. Er trägt uns, die wir uns manchmal um Kleinigkeiten streiten.

Mir fällt außerdem die Geschichte des Propheten Jona dazu ein: Er hat sich nicht gefreut, dass Ninive sich auf seine Predigt hin bekehrt hat. Er hätte es lieber gesehen, dass die ganze Stadt zerstört worden wäre. Dann wäre seine Predigt in Erfüllung gegangen. Daher sitzt er am Ende des Buches Jona mit schlechter Laune auf einem Hügel am Rand der Stadt und stellt sich vor, wie schön es doch gewesen wäre, wenn Gott Feuer und Schwefel über diese Stadt geschickt hätte. Gott tröstet ihn in seiner schlechten Laune. Er lässt »einen Rizinusstrauch über Jona emporwachsen, der seinem Kopf Schatten geben und seinen Ärger vertreiben sollte« (Jona 4,6). Jona freut sich darüber. Er kann im Schatten ausruhen. Doch am nächsten Tag schickt Gott einen Wurm, der den Rizinusstrauch vertrocknen lässt. Jona wird ärgerlich, weil die Sonne auf seinen Kopf scheint. Doch Gott hält ihm vor Augen, dass es Jona also leid ist um den Rizinusstrauch, den er nicht hat wachsen lassen. Wie sollte es Gott dann nicht leid sein um die vielen Menschen in Ninive?

Gott relativiert die schlechte Laune des Jona, indem er ihn auf Wichtigeres hinweist: auf das Wohlergehen einer ganzen Stadt. Manchmal brauchen wir auch einen größeren Horizont, um unsere schlechte Laune zu relativieren. Dann können wir schmunzeln über unsere Kleinkariertheit. Wir fühlen uns verbunden mit Jona. Und zugleich lassen wir uns wie er von Gott eine Predigt halten, die uns auf Wichtigeres hinweist als auf das, was unsere schlechte Laune ausgelöst hat.

ANSGAR STÜFE

Wer war nicht schon schlechter Laune? Da die meisten von uns jeden Tag mit anderen zu tun haben, treffen wir oft auf schlecht gelaunte Frauen und Männer. Nicht selten gehören wir selbst dazu. Oft merken wir gar nicht, dass wir schlecht gelaunt sind. Kürzlich war ich Zeuge einer solchen Situation: Eine kleine Arbeitsgruppe sollte die Organisation einer Veranstaltung besprechen. Es ging hauptsächlich darum, wer für welchen Teil verantwortlich sein soll. Immer, wenn ein Beschluss anstand, sagte ein Teilnehmer: »Ja, am

Ende muss ich alles allein erledigen.« Nachdem er es das dritte Mal gesagt hatte, platzte den anderen der Kragen und sie warfen ein: »So kommen wir zu keinem Entschluss.« Der »schlecht Gelaunte« war betroffen und entschuldigte sich. Ihm war gar nicht aufgefallen, dass er einfach mies gelaunt war. Er hatte zu Hause einen Konflikt gehabt und diese Stimmung zur Arbeit mitgenommen.

Es sind oft kleinere Anlässe, die unsere innere Stimmung beeinflussen. Die schlechte Laune verhindert dann unsere Fähigkeit, positive Entwicklungen wahrzunehmen. In solchen Stimmungen sind wir nicht in der Lage, konstruktiv an Problemlösungen zu arbeiten. Ich kenne Menschen, die den ganzen Tag schlecht gelaunt sind, weil das Ei nicht so weichgekocht war, wie sie es erwartet hatten. Eine solche Bagatelle kann doch keine schlechte Laune auslösen, sollte man meinen.

Als ich im Noviziat war, machte ich eine interessante Selbstbeobachtung: Wir Mönche haben im Noviziat ein Jahr Zeit, das klösterliche Leben kennenzulernen und uns zu prüfen, ob wir für dieses Leben geeignet sind. In diesem Jahr werden junge Menschen nicht in ihrem Beruf beschäftigt, sondern arbeiten nur zum seelischen Ausgleich. So bleiben Gebetszeiten, Unterricht, geistliche Übungen und das gemeinsame Essen. Dadurch werden alle äußerlichen Ursachen abgeschaltet, die das Leben beeinflussen könnten. In einer Woche in dieser Zeit stellte ich in mir eine ganz üble Stimmung fest. Ich ärgerte mich über alles. Dabei gab es damals nicht mal weichgekochte Eier, die mich hätten quälen können. Mir wurde klar, der innere Ärger kam aus mir selbst, aus den Tiefen meiner Seele. Es gab keinerlei äußeren Anlass.

Das ist dann auch der Grund, wenn schlechte Laune nicht vergeht. Winzige Probleme wie eben das weichgekochte Ei sind Trigger, die eine schon bestehende Grundstimmung nur sichtbar machen. Ein anderes Beispiel: Eine Frau zieht eine neue Bluse an und tropft Marmelade darauf, Ähnliches passiert einem Mann mit der Krawatte. Beide wollen zu einer wichtigen Veranstaltung und müssen sich jetzt noch einmal umziehen. Solche Ereignisse sind es, die schlechte Laune auslösen, sie sind aber nicht die Ursache derselben. Dieser Zusammenhang ist leider vielen nicht klar. Viele meinen, wenn sie eben ein richtig gekochtes Ei haben und nie sich bekleckern, seien sie guter Laune. Das ist ein Irrtum. Wir müssen den tieferen Ursachen nachgehen.

Zuerst müssen wir aber bemerken, dass wir schlechter Laune sind. Daher sollten wir dankbar sein, wenn uns jemand – auch mit deutlichen Worten – darauf aufmerksam macht. Dann ist es wichtig, erst einmal mit äußerer Disziplin andere vor den eigenen Reaktionen zu schützen. Bei einem schlimmen Erlebnis fühlt man sich so schlecht, dass das Bedürfnis auftaucht, dass sich auch andere schlecht fühlen. Ja, wir glauben sogar, dass dies unser gutes Recht sei, und fragen uns: »Wieso geht es dem anderen gut und mir schlecht? Das ist doch ungerecht!« So kann schlechte Laune »ansteckend« sein. In der Regel gelingt es aber nicht, diese einfach abzustellen, weil es eben tiefer liegende Ursachen gibt. Selbsterkenntnis und Disziplin sind daher die ersten Maßnahmen. In der Klostertradition gibt es dazu die Übung der »guten Meinung«. Dabei soll man sich in einer ganz kurzen Besinnung bewusst werden, dass es Gott gut mit mir und allen Menschen meint. Das kann in solchen Momenten helfen.

Ich muss aber auch die tieferen Ursachen erforschen. Ein Teil der schlechten Launen kommt aus unseren Anlagen. Das habe ich damals im Noviziat erkannt. Es gibt einfach Stimmungsschwankungen, die jeder Mensch hat. Sie vergehen von allein wieder. Wir sollten uns also in schlechten Stimmungen mit Entscheidungen und schlechtem Benehmen zurückhalten. Es kommen Zeiten, in denen es uns von ganz allein besser geht. Später verstehen wir oft nicht mal mehr, wie und warum wir bestimmte Entscheidungen getroffen haben.

Manchmal schleppen wir aber ungelöste Probleme mit uns herum. Es gibt immer unangenehme Entscheidungen, die wir vor uns herschieben. Eigentlich ärgern wir uns unbewusst über uns selbst, dass wir so schwach sind und nicht endlich handeln. Diese unterschwellige Frustration verursacht schlechte Laune. Wir sollten also bei schlechter Laune vor allem nach unerledigten Problemen suchen. Finden wir sie und lösen wir das Problem endlich, fällt die schlechte Laune ab wie ein Blatt im Herbst. Gar nicht so schlecht ist es außerdem, wenn wir in der täglichen Besinnung solche Nachforschungen anstellen. Wenn wir unsere Seele zu Gott hin öffnen, sehen auch wir selbst unseren Handlungsbedarf.

Wenn sich scheinbar jeder gegen mich verschworen hat

ANSELM GRÜN

Wenn in der Welt etwas geschieht, das wir nicht sofort verstehen, entstehen Verschwörungstheorien, die oft sofort viele Anhänger finden. Da geht es zum Beispiel um Chemtrails oder den Ursprung des Coronavirus, um den Angriff von Außerirdischen oder angebliche Gehirnwäschen und Lenkung der Menschen durch staatliche Mächte. Man möchte damit etwas erklären, was nicht so leicht zu erklären ist. Solche Verschwörungstheorien gibt es aber auch im persönlichen Bereich. Da haben wir manchmal den Eindruck, dass sich alle übrigen gegen uns verschworen haben. Sie wollen uns schädigen. Daher verbreiten sie überall falsche Nachrichten über uns. Vielleicht haben wir auch den Eindruck, dass sie eine negative Energie in unser Haus senden, sodass wir uns dort nicht mehr wohlfühlen. Oder wir denken, andere würden ein Komplott gegen uns schmieden. Sie würden sich heimlich zusammentun und sich gegen uns verbünden. Manchmal bekommen diese Verschwörungstheorien den Charakter eines Verfolgungswahnes. Das zeigt sich in krankhaften Vorstellungen, dass andere Menschen uns schaden, indem sie ihre negative Energie durch das Schlüsselloch in unser Haus strömen lassen oder dass sie uns heimlich Gegenstände entwenden, obwohl wir ein doppeltes Schloss an der Tür haben. Unterhalb dieser krankhaften Vorstellungen gibt es das ganz normale Gefühl: andere haben etwas gegen mich. Sie begegnen mir nicht wohlwollend, reden schlecht über mich mit anderen. So fühle ich mich in meiner Umgebung nicht mehr sicher. Ich habe den Eindruck, die anderen schauen mich komisch an, denken sicher negativ über mich. Sie glauben dem, was ihnen andere über mich erzählt haben.

Ich kenne eine Frau, für die der einfache Gang zum Einkaufen Stress erzeugt. Denn sie denkt: Die Menschen, denen ich begegne, schauen mich so eigenartig an. Sie denken sicher, ich sei komisch oder verrückt. Sie hat den Eindruck, dass die Verkäuferin im Supermarkt heimlich zu ihrer Kollegin schaut, um ihr zu sagen, da kommt diese komische Frau wieder. Eine andere Frau erzählte mir, sie denkt immer, wenn sie in ein Geschäft geht, dass die Verkäuferinnen über sie und ihre Kinder sprechen, die in der Schule Schwierigkeiten haben. So wird jeder Einkauf für sie zur Belastung.

Wenn mir Menschen von solchen Gedanken und Vorstellungen erzählen, versuche ich ihnen zu erklären, wie ich in einer solchen Situation reagiere. Ich sage mir: Es hat keinen Zweck, mir Gedanken über die Gedanken anderer zu machen. Ich weiß nicht, was sie denken. Das ist auch gar nicht wichtig. Die Leute dürfen denken, was sie wollen. Das ist ihr Problem. Das geht mich nichts an. Es ist nicht wichtig, was sie denken. Das lasse ich bei ihnen. Ihre Gedanken sagen mehr aus über die, die so denken, als über mich. Ich versuche, einfach bei mir zu bleiben. Und ich begegne den Menschen freundlich distanziert, so, als ob es mir gar nichts ausmache, was sie denken.

Als Hilfe gebe ich häufig den Psalmvers zur Meditation: »Ich vertraue auf Gott und fürchte mich nicht. Was können Menschen mir antun?« (Psalm 56,5). So ein Vers löst nicht einfach das Problem. Es macht mir trotzdem noch etwas aus, was die anderen über mich denken. Aber wenn ich mir diese Worte ein paarmal vorsage, bekomme ich Abstand zu den anderen. Und ich verliere mich nicht in allen möglichen Verschwörungstheorien, was sie wohl gegen mich haben und wie sie gegen mich intrigieren könnten.

ANSGAR STÜFE

Jeder erlebt Tage, an denen unterschiedliche Menschen oder neutrale Ereignisse so wirken, als ob sie einem schaden wollten. So entsteht der Eindruck, dass ein Kreis von Personen sich abgesprochen hat, einen anderen einzuschüchtern oder gar aus seiner Position zu entfernen. Solche Absprachen gibt es wirklich. In meinen jungen Jahren war ich politisch aktiv. Im Vorstand des Ortsverbandes der Partei wurde die Kandidatenliste für den Stadtrat diskutiert. Der Vorstand hatte die Aufgabe, der Mitgliederversammlung eine Liste vorzuschlagen. Zwar können dann bei der Mitgliederversammlung noch andere Vorschläge gemacht werden, aber die meisten Kandidaten stammen dann doch von der Vorstandsliste. Nun wollten wir alle einen Kandidaten nicht mehr haben. Wir konnten das aber nicht öffentlich sagen, weil er viele Stimmen bekommen hatte, und beschlossen daher, ihn auf die Liste zu setzen, die etwas mehr Kandidaten enthielt als dann wählbar waren. Einstimmig kamen alle zu dem Schluss, dass kein Vorstandsmitglied ihm eine Stimme geben solle. Das klappte dann auch wie vorhergesagt. Der Stimmenunterschied zu den anderen Kandidaten war durch den Wegfall der Vorstandsstimmen bei besagtem Kandidaten so groß, dass er keine ausreichende Stimmenzahl bekam und so nicht mehr als Kandidat aufgestellt wurde. Die Wahl war natürlich geheim, sodass niemand merkte, wie diese zustande gekommen war. Der Kandidat und bisherige Stadtrat verließ wütend den Raum. Er hatte es natürlich verstanden. Dieser Vorgang zeigt, dass Misstrauen gegenüber Menschengruppen durchaus angebracht ist und nicht nur auf Einbildung beruht.

Einfache Alltagsvorkommnisse können uns aber auch davon überzeugen, dass sich alle gegen uns verschworen haben. Da wir Geschichten kennen, wie ich sie geschildert habe, nehmen wir diese Ereignisse und konstruieren eine Verschwörungstheorie. Ich selbst begab mich einmal in eine solche Situation: Als junger Mönch hatte ich meine zeitlichen Gelübde abgelegt. Ich wohnte in unserem Stadtkloster und ging täglich von dort zur Arbeit ins Krankenhaus. Eines Tages begegnete ich einem älteren Mönch im Gang. Er sagte zu mir: »Ach, Ansgar, du bist ja noch bei uns. Trittst du bald aus?« Ich war sprachlos und ging einfach weiter. Einen Tag später besuchte ich unser Hauptkloster. Unter dem Mönchshabit schaute meine Hose hervor, die etwas hell war. Da sprach mich ein alter, sehr angesehener Mönch an und fragte mich, was denn da unterm Habit hervorschaue. Ich antwortete etwas flapsig: »Ich bin halt ein Untergrundmönch.« Er verstand aber meinen Humor nicht und fuhr mich geradezu an: »Dann gehören Sie aber nicht hierher!« Langsam wurde ich stutzig. Am Abend wurde ich einem Theologieprofessor vorgestellt, der Gast bei den Mönchen war. Als er meine Lebensgeschichte hörte, sagte er zu mir: »Mönchlein, Mönchlein, du gehst einen schweren Gang.« Ich hatte damals keine Ahnung, dass Luther diese Satz vorgehalten bekam. Das hätte es aber auch nicht besser gemacht. Jetzt war ich langsam der Überzeugung, dass man über mich gesprochen hatte und eine Gruppe von Mönchen meinte, ich gehöre nicht ins Kloster.

Solche Vorkommnisse sind natürlich unangenehm. Es ist auch nicht leicht, den Verdacht wieder loszuwerden. Es gibt keine objektiven Methoden, das herauszufinden. Hätte ich offen gefragt, ob man mich loswerden wollte, hätte alle Mönche eine solche Vermutung weit von sich gewiesen. Die Lösung muss man also bei sich selbst suchen. Im Lauf meines Mönchslebens wurde mir klar, dass ich mit meiner Hintergrundbildung und meinen Ansichten vielen Mitbrüdern verdächtig erschien. Ich glaube zum Beispiel nicht an Marienerscheinungen. Zwar ist kein Katholik dazu verpflichte, aber ein Bekenntnis zu diesem »Unglauben« stößt auf wenig Verständnis. Ich habe lernen müssen, dass manche meiner Ansichten Verstörung auslösen. Andererseits muss ich sie ja auch nicht immer äußern. Unbewusst habe ich das natürlich geahnt. Diese innere Ahnung hat dann auch die Verschwörungstheorie gefördert. Gerät man also in eine Situation, in der sich anscheinend alle gegen einen verschworen haben, dann gibt es objektive Fakten und selbstgemachte Eindrücke, die so sachlich nicht richtig sind. Das ist typisch für viele Verschwörungstheorien. Es kommt daher darauf an, die Fakten zu kennen und sich innerlich zu korrigieren.

Dabei war es für mich wichtig zu erkennen, ob ich wirklich Mönch werden möchte. Als das endgültig klar wurde, spielten diese Ansichten auch keine Rolle mehr. In solchen Bedrohungsszenarien brauchen wir innere Klarheit. Dann kann man auch souverän entscheiden, wann es sinnvoll ist, eigene Ansichten zu äußern und wann nicht. Heute ist es eher so, dass mich Mitbrüder bei kontroversen Diskussionen nach meiner Ansicht fragen, weil sie wissen, dass ich ehrlich antworte. Ich kann also ruhig warten, ob ich gefragt werde. Dann aber sage ich offen und ehrlich, was ich über eine Problemlage denke. Offenheit und klares Denken sind das Ende jeder Verschwörungstheorie, auch der selbstgemachten.

Schluss

Wir haben achtzehn Nöte und achtzehn Trostmittel angeschaut. Die Zahl Achtzehn spielt im Glauben eine gewisse Rolle. Zum einen begegnet sie uns im sogenannten Achtzehnbittengebet, dem Hauptgebet im jüdischen Gottesdienst. Zum anderen erzählt uns der Evangelist Lukas von einer Frau, die schon seit achtzehn Jahren krank ist. »Ihr Rücken war verkrümmt, und sie konnte nicht mehr aufrecht gehen« (Lukas 13,11).

Man könnte diese Zahl auch so verstehen: Zehn ist die Zahl der Ganzheit. Die Frau, die gekrümmt ist, hat ihre Ganzheit verloren. Acht ist die Zahl der Unendlichkeit, der Transzendenz, der Offenheit für den Himmel, für Gott. Wenn die Frau gekrümmt ist, kann sie nicht mehr zum Himmel aufschauen. Jesus heilt die Frau, indem er ihr die Hände auflegt: »Im gleichen Augenblick richtete sie sich auf und pries Gott« (Lukas 13,13).

Jetzt hat sie ihre Ganzheit, ihre Würde wiedergefunden und ist wieder in Beziehung zu Gott. Sie lobt Gott und richtet ihren Sinn auf ihn. Jesus richtet sie in vier Schritten auf. Es sind die vier Schritte, die wir – Bruder Ansgar und Pater Anselm – auch in unserem gemeinsamen Buch gegangen sind:

1

Jesus sieht die Frau an, so erfährt sie Ansehen. Wir haben die Nöte von Menschen geschildert. So können die Leserinnen und Leser spüren, dass sie gesehen werden.

2

Jesus spricht die Frau an. Das griechische Wort *prosphonein* meint: auf gleicher Augenhöhe sprechen, ein Gespräch beginnen, bei dem es hin- und hergeht. Wir haben versucht, ein Gespräch mit den Leserinnen und Lesern zu führen. In das Gespräch haben wir eigene Erfahrungen und Worte eingebracht, aber auch Worte der Bibel. Diese wollen uns nicht belehren, sondern mit uns ein Gespräch führen, damit sich unsere Gedanken durch das Gespräch verwandeln.

3

Jesus spricht der Frau zu: Du bist geheilt von deinem Leiden. So wollten wir den Leserinnen und Lesern nicht nur Trost zusprechen, wir wollten sie auch in Berührung bringen mit den eigenen Kräften und Möglichkeiten ihrer Seele, auf schwierige Situationen gut zu reagieren. Und wir haben ihnen Worte der Bibel zugesprochen. Sie lassen deutlich werden, was wir bisher noch nicht gesehen haben, was aber doch in der Tiefe unserer Seele schon bereitliegt an Möglichkeiten und Fähigkeiten.

4

Jesus berührt die Frau, er legt ihr die Hände auf. Wir hoffen, dass wir mit unseren Worten, mit unseren Erfahrungen aus dem eigenen Leben und mit anderen Menschen die Leserinnen und Lesern berühren, damit sie in Berührung kommen mit den eigenen Kräften ihrer Seele.

So wünschen wir Ihnen, dass die Worte dieses Buches wie das Wort Jesu im Evangelium auch Ihr Herz berühren und Sie aufrichten, sodass Sie in Berührung kommen mit den heilenden Kräften Ihrer Seele, mit der Hoffnung, dass es für jeden Schmerz einen Trost gibt und für jede Not eine Wendung und Verwandlung der Not.

Allein – nicht einsam

„Eine hilfreiche Anleitung für den Alltag"

Anselm Grün
Von der Kunst, allein zu sein
144 Seiten, gebunden
12 x 19,5 cm
ISBN 978-3-7365-0486-8, 18,00 €

Viele Menschen haben Angst vor dem Alleinsein, weil sie sich dann einsam und isoliert fühlen. Es kann jedoch auch zum Segen werden, denn ohne Alleinsein gibt es keine ehrliche Selbsterkenntnis und es gehört zudem wesentlich zu jedem spirituellen Weg. Anselm Grün entfaltet in diesem Buch die Kunst, es mit sich selbst auszuhalten. Dazu gehören so wichtige Aspekte wie die innere Mitte zu finden, Leib und Seele Gutes zu tun, von Erwartungen anderer und äußeren Zwängen frei zu werden. Dann kann es gelingen, Kraft aus dem Alleinsein zu schöpfen, um zu innerer Gelassenheit, Ruhe und Klarheit zu finden.

**In jeder Buchhandlung
oder unter www.vier-tuerme.de**

Vier-Türme-Verlag
Abtei Münsterschwarzach

Der Verlag der Mönche von Münsterschwarzach